每个孩子都是天才

蔡志忠的
"育儿宝典"

蔡志忠
邱 娟 著

山东文艺出版社

图书在版编目（CIP）数据

每个孩子都是天才：蔡志忠的"育儿宝典" / 蔡志忠，邱娟著 . -- 济南：山东文艺出版社，2023.1

ISBN 978-7-5329-6469-7

Ⅰ . ①每… Ⅱ . ①蔡… ②邱… Ⅲ . ①家庭教育 Ⅳ . ① G78

中国国家版本馆 CIP 数据核字 (2023) 第 003662 号

每个孩子都是天才：蔡志忠的"育儿宝典"

MEIGE HAIZI DOUSHI TIANCAI：CAIZHIZHONG DE "YU'ER BAODIAN"

蔡志忠　邱　娟　著

主管单位	山东出版传媒股份有限公司
出版发行	山东文艺出版社
社　　址	山东省济南市英雄山路 189 号
邮　　编	250002
网　　址	www.sdwypress.com
读者服务	0531-82098776（总编室）
	0531-82098775（市场营销部）
电子邮箱	sdwy@sdpress.com.cn
印　　刷	济南新先锋彩印有限公司
开　　本	787mm×1092mm　1/16
印　　张	16.5
字　　数	217 千
版　　次	2023 年 1 月第 1 版
印　　次	2023 年 1 月第 1 次印刷
书　　号	ISBN 978-7-5329-6469-7
定　　价	68.00 元

每个人都是天才，只是自己不相信！

序言 人生奇遇记

邱 娟

小说家凡尔纳说："把两艘船放在大海上，即使没有风浪，他们也会相遇。"相信每个人如果把自己过往的人生经历梳理一遍，都会发现这个世界真奇妙，感觉到有一些事情，似乎冥冥中有一种神奇的力量在做安排。

生命中有的人，有些事，原本很可能在轨道之外，如果不是因为自己某个坚定的选择，或者是某个偶然的机会，就不会遇见。而就是这些看似偶然的行为，却让我们遇到了自己生命当下最关键的人物——那个曾经"踏破铁鞋无觅处"的老师或朋友。

这些偶然的相遇超出了自己的预期和期盼，让人万万想不到，却变成了美好的现实。彼此在喜出望外之时，会不禁感叹幸运，感恩上天的美意和眷顾，这就是人生的奇遇！

我和蔡志忠老师的相遇，就属于这样的奇遇！

蔡志忠是谁？

他智商近 200，他以自学的方式，成为当代智者。

在网上随意搜寻，就能看到他辉煌的过去与现在：

他一岁就开始听《圣经》故事。

三岁半的他，躲在桌子底下，开始思考自己的人生目标。

四岁半的时候，他找到了人生目标，立志一辈子画画，只要不饿死就一直画下去。

初二时，他将自己的作品寄给中国台北的集英社，暑假时便收到了聘任通知。

他到了集英社，废寝忘食地工作，经常长达 20 小时不眠不休地画画。不久，月薪高达万元，那时候小学老师的月薪只有 600 元。

后来，他成立了龙卡通动画公司，拍摄了《七彩卡通老夫子》《乌龙院》等长篇动画电影，《七彩卡通老夫子》曾获 1981 年金马奖最佳卡通影片。

1983 年，开始创作四格漫画。

他的经典之作"漫画诸子百家"系列，把老子、庄子等人的思想画得妙趣横生、简单明了，打破了日本漫画一统天下的局面，有人说他是来拯救中国漫画的。这些作品曾令三毛感慨道："蔡志忠的智慧，使视古人如畏途的这一代中国人，找到了他们精神的享受和心灵的净化。"

1999 年 12 月 8 日，他获得荷兰克劳斯王子基金会颁奖，表彰他"通过漫画将中国传统哲学与文学做出了史无前例的再创造"。

早在 2011 年，蔡志忠的一幅半尺小画《思维中的达摩》，就在广州的拍卖会上拍出了 20 万的高价。

2006 年，他获得亚洲桥牌赛第一名，家里还陈列了 125 个冠、亚军奖杯。

他连续九年，每天花一万元人民币买一尊铜佛。他共收藏了 3381 尊铜佛，如果有人拿来一尊铜佛，他能够立刻判断出是哪一年生产的。

他独自赴日游学四年，自学日语三个月，满载而归。

他自学微积分，准备出版《漫画微积分》。他说："花 100 块台币，1 个小时，如果还学不会微积分，是我的错。"

他闭关十年研究物理，准备配合漫画来诠释物理学，他坚信自己在物理学上的成就将超过漫画。他要写一本初中二年级学生都看得懂的物理学读本。

他在一秒钟内能告诉任何人出生日期是星期几。

他读书无数，过目不忘。

他说他发现了"时间方程式"，这是一个从来没有被物理学家们发现过的公式。他画了 14 万张纸，写了 1300 万字，试着向人们证明这是真的。

"数字"总是天才的一种表现形式

他曾经坐在椅子上 58 个钟头，做一个 4 分钟的动画片头。

他曾经 42 天没有打开房门，关在屋子里面做一件事。

他曾经待在日本 4 年时间，画"诸子百家"和四格漫画。

他曾经耗时 10 年零 40 天，研究物理、数学……

他拿着破布包，穿着破鞋子，裤子带着补丁。

不要闹钟，不用手表。

吃很少，话很少，睡很少。

当一个人找到自己的最爱，其他的都不在乎。

你会发现人生的最大秘密：原来完成一件事情不是工作，而是人生最大的享受。

蔡志忠是一位开悟者

宇宙中任何事物都有规律，有规律便有必胜之法，便能找到深藏底层的统一原理。

一般人只看到事物的表面，有心者会看到第二层，专家学者通过毕生研究能看到第三层。

唯有老子、伽利略、牛顿、欧拉、高斯等智者看穿了物理、数学、哲学的底层统一规律。任何事物的底层规律都能一以贯之。

我想，这也是蔡老师后来学习数学和物理的重要原因。他更是将儒释道、《圣经》、物理、数学、哲学的底层规律一以贯之，当然他也成了当代熟知人生必胜之法的人！

蔡志忠一生专注的领域有漫画、动画、桥牌、镏金铜佛收藏、禅宗佛学、物理、数学、道家思想、中国智慧起源等，把自己的一辈子活成了十辈子。他是当代一位难得的开悟智者。他说，悟道，是人的本分，每个人在自己的一生中都应该想通，这辈子的人生之路要怎么走，悟通自己的人生目的，然后依实行进。

　　从蔡老师的经历，我们可以得出：人永远不要低估自己的潜能。

　　爱因斯坦说过："宇宙最不可思议的是，它竟是可理解的。"

　　人的潜能是无限的，目前人类对自身潜能的认识还停留在表面的阶段。所以我们要带领孩子保持怀疑和思考，不要被传统观念束缚，更不要盲目听信名言，甚至要敢于质疑权威。但重点不是怀疑本身，而是自己能够独立地思考和用行动去证明。

　　这个过程本身就是活出自己。

　　永远不要低估自己和孩子的潜能，也永远不要被教条和规则所束缚，我们每一个人都可以是创造者。

　　蔡志忠就是一个很好的案例，可以说他是名副其实的天才。他能有今天的成就，不是来自老师或者学校，而是从小自我觉醒的结果。他作为当代智者，将生命演绎出本有的精彩。他为我们展示了"人生不是独木桥，人生不是马拉松"的生命真相，为我们在"个人如何成长、如何学习、如何为人父母、如何教育子女"等方面带来指引，更用亲身经历为我们描绘出了一条"如何达成最好的自己"的清晰路线。

　　蔡志忠说："如何教养一个小孩，使他成为一个思想、观念正确，又功夫了得、专业厉害的超级天才？教育小孩，要从教育父母开始。让子女成为天才，首先要纠正父母的观念。一对有错误观念的父母，无法培育出天才小孩！"我从事创新教育实践十五年，用实际行动亲自验证了这是正确的教育理念。在我亲历的教育实践中发现，真的如蔡老师所说："每个孩子都是天才，只是父母不知道。"只要在孩子的各个敏感期，父母能够给予相应的引导，就能帮助孩子踏上为自我生命负责的道路，一切都会自然而然地得到预期的结果。这就是《道德经》中所讲的境界："是以圣人处无为之事，行不言之教。"

"己立而后立人"，最高级的父母，知晓其中的要义。他们总是集中力量提升自己，做到内在充实且有方法，努力活成孩子向往的样子，成为孩子精神上的榜样。

《道德经》曰："将欲去之，必固举之；将欲夺之，必固予之。"要想做好"教育"，必要先放下"教育"。这看似矛盾的说法，蕴涵着深奥的道理。

好的教育，不是给孩子灌输世界观，而是带他一起去"观世界"。

这里的"观世界"包含外在和内在两个层面。当父母带领孩子大量地观"书、景、人、明师"时，他的视野和格局就会打开，自然而然就会开始学会思考和定位自己。最终他会发现原来自己向往的"明师"就是另外一个"自己"，于是他就找到了发自内心的力量和人生的方向。当父母引领孩子走进他的内心世界，孩子不断地认识自己、接纳自己和认可自己时，他慢慢地开始思考并知晓自我生命的意义，渐渐地发现人生的底层规律。

读万卷书，行万里路，阅人无数，明师指路，都不如自我顿悟。当父母陪着孩子经历了"见天地、见众生"的阶段，孩子就有了"见自己"的顿悟。这种"自知"的顿悟力量，将指引他自动自发地顺着规律成长，让孩子明白，人的一生要靠自己，要用成果说话，拥有属于自己的独一无二的生命体验。

在这个教育内部竞争激烈的时代，请父母们不要只低头让孩子在无止境的竞争中枯萎下去，要学会抬头"看路"，用"以终为始"的视野预览人生，知晓"人之道，为而弗争""损不足而奉有余"的智慧。只有回到生命本身，回归天赋天命，通过不断深入、持续性的内功训练，及早找到人生的刷子，才能有无限的可能性。

爱的最高境界不是给予，而是引路。

每个人都有自己的才华和生命的渴望，父母要帮助孩子找到挚爱，让孩子及早规划自己的人生之路，朝向目标完成梦想。

只有出发才是一切的开始

当我们不断勇敢地选择自己想要的生命模式，无所畏惧地做自己，忽略外界的评判，一切都做好了充足的准备之时，好运就会降临。

当学生准备好了的时候，明师自然就出现了。

作为父母，当我们带领着孩子勇敢地选择了自己想要的生命模式，无惧地成长为自己最想要的样子时，我们也遇到了蔡志忠。"经师易得，人师难求，明师罕见"，明师是引导我们编织精彩人生的人。

而神奇的是，当我们遇见他时，我们也遇见了未知的自己。生命成长到一个崭新的境界，我们至今已活出了生命本有的那份美好与自在。我相信通过思考、学习和行动，每个家庭、每个孩子都能做到！

世间最美的相遇就是人与人的相遇，我们能够与这样的智者生活在同一时代，并且能够走进他的内心世界，看到他为我们呈现的"多维世界"，那是一种怎样的幸运与幸福！

与其说蔡老师活出了一种"开挂"的人生，不如说蔡老师用半生的时光探索出了生命更多的可能性，将生命活到了极致。他散发出的生命之光，像大海中指引航行的灯塔，为黑夜中的航船指引港湾的方向。

我从蔡志忠老师这里所获得的智慧，就像是有人打开了山洞之门，发现了五光十色的宝藏，令人目不暇接。

这本书可以说是一气呵成。这本书好似一位经历过世间沧桑的智者，在对还在跋涉中的年轻一代进行谆谆教诲，也好似一位穿越到未来的先行者，返回到现在，手把手地教导我们该如何走好当下的每一步。我在编写这本书的过程中时常感叹，如果一个人能在很小的年龄遇到这本书，不仅可以少走一些弯路，更可以收获一个梦想成真的自己。

如今，借着我与蔡志忠老师这美好的缘分，把他的人生智慧整理出来，并奉献给大家，实在是我一生的荣幸。文中为了便于读者阅读，我将把对蔡老师的称呼一并写作他的大名——蔡志忠，在此也一并向蔡老师致敬！

人生只有一辈子，是如此难得又珍贵。蔡老师从三四岁时就开始思考人生，历经半生，如今成为慈悲的大智者。所谓的"慈"是给予别人快乐，"悲"是替别人解决痛苦。这本书是他一生智慧的结晶，像一坛上好的老酒，散发出迷人的香味，待"饮者"细细回味，希望能为每一位阅读它的朋友带来人生的启迪与指引。高山仰止，景行行止！

蔡老师说："每个人都是天才，只是自己不相信！"

每一个人都有能力重新打造自己，使自己厉害十倍、百倍。

这世界有多少人，就能开出多少朵生命的花。活出生命的精彩，是我们回馈宇宙和大自然的最好的感谢和礼敬！

2021 年 10 月于杭州

目　录

第一章
人之初

① 人生初相识

> 家是人生的第一所学校，妈妈的怀抱，是孩子温暖的教室，妈妈是孩子的第一个老师，也是启蒙孩子的关键。
>
> ——蔡志忠

教育小孩得先教育妈妈

母亲是孩子一生中最重要的启蒙老师。

妈妈不仅给了孩子身体，还要给孩子输入品格与习性等"初始软件"。达·芬奇说："教育小孩之前，得先由教育妈妈开始。"

"观其母，则知其子"——孩子是反映母亲形象的一面镜子。每个人在刚出生的阶段，和妈妈建立的情感纽带，将会成为他一生人格发展、沟通模式和情绪发展的基础。妈妈的品德、性格，以及对生活的态度都直接影响着孩子的未来。

蔡志忠成为今日的蔡志忠，是从在妈妈的肚子里时就开始了。用他自己的话来说："当我还是蛋的时候，我便开始思考了！"我们可以从蔡妈妈那里寻找到养育孩子的密码，探究成为"好妈妈"的方法。

每每回忆起母亲，蔡志忠的内心都不禁泛起一丝涟漪。他说："像我妈妈，不识字，也没多少智慧，但她很爱我。一直以最柔软的母亲的心理解我、支持我。"

所谓的"好妈妈",是指那些有深情、有信心且有意志力,要把自己的孩子培养成"好孩子"的女性。

"相信""耐心"和"热情",对于妈妈这个角色十分重要。好妈妈要相信自己的孩子能够做好他想做的,具有十足的耐心,饱含着将孩子培养成为自己所相信的"那种好孩子"的热情。蔡妈妈做到了这些!

我们从这里不难发现,蔡志忠能够活出"开挂"的人生,把自己的一辈子活成他人的十辈子,在漫画、动画、桥牌、镏金铜佛收藏、禅宗佛学、物理、数学等十几项领域中专注地探索,并获得不可思议的成就,其力量的根源在于他有一个爱他,一直以最柔软的母亲的心理解他、支持他的好妈妈。

"妈妈"这个身份拥有与生俱来的直觉智慧

不同的妈妈,会培养出不同的人。"妈妈"这个身份本身就蕴含着直觉与灵感。

英国发展心理学家约翰·鲍比的依恋关系理论指出,从一个人孩童时期与母亲形成的依恋关系模式,可以预测出他成人后的关系模式。而这种依恋关系模式,是母亲在抚养孩子的过程中逐渐形成的。

蔡志忠回忆说:"我从小做什么事情,都是由自己思考判断下决定,当然后果也是自己负责。"蔡志忠能够在很小的年龄,就开始承担起自己的生命责任,是蔡妈妈抚养和教育的结果。

　　《道德经》曰："生而不有，为而不恃，长而不宰，是谓玄德。"
我们可以从蔡志忠小时候的经历中看到，蔡妈妈在儿子很小的时候，
在给予儿子绵绵母爱的同时，也划清了她与儿子的生命界限。

　　蔡志忠回忆说："我出生后的第一个记忆，是我对母子之间亲密
关系的疑惑。当时我还不能站、不会走路，应该还不到一岁，只记得
妈妈抱着我，在路上遇到两位邻居，三个女人站在树下东家长西家短
地聊个没完。由于抱我太久有点累，母亲让我站在地上，双手抱着她
的大腿。大热天，她的大腿很冰凉，摸起来感觉很舒服。

　　"于是我的右手便顺着她的大腿往上伸，母亲边聊天边用手把我
的小手往下推。我还是不依，又用左手顺着她的大腿往上伸，母亲再
一次用手把我的小手往下推。

　　"哇！这是我出生以来首度被母亲拒绝，还连续拒绝两次。原本

婴儿与母亲的关系是全世界最亲密的，在不到一岁时小小的心灵对这件事很不解，内心感到十分惶恐不安。这便是我对母亲的第一个记忆。"

从蔡老师上面的描述中不难发现，蔡妈妈通过直觉产生的行为，既能给予孩子无限的爱，也能用行为来告诉孩子清晰的界限，保持各自独立的人格的同时，给予孩子做自己的自由。就是这样划清彼此界限的拒绝行为，引发了孩子思考生命的好奇和动力。心理学大师海灵格曾说过，好的家庭一定要有界限感。与孩子没有界限感的父母，会事事包办，以爱的名义控制孩子。

从这个事例我们可以了解到智慧母亲所拥有的特征：性格独立，不仅具有柔软的感性的一面，还具有高度理性的母爱。如果说妈妈感性的一面，可以理解孩子，使孩子获得无限的生命原力；那么妈妈具有理性的母爱，对一个孩子，甚至一个家族来说是莫大的幸运。因为理性的母爱会让家庭成员之间保持界限感，不会有彼此情感绑架的负累，每个生命个体彼此连接，又相对独立自由，每个人都为自己的生命承担应该承担的责任，这种生命关系是平等的、融洽的、互助的，又是相互尊重的。

《老子》曰："夫物芸芸，各复归其根。归根曰静，静曰复命。复命曰常，知常曰明。不知常，妄作凶。知常容，容乃公，公乃全，全乃天，天乃道，道乃久，没身不殆。"

在养育这件事上，父母要通过不断地认识自己，拥有照见"生命"的能力。当你理解了生命的真谛，你就会看到孩子这个"生命"的难得与珍贵，自知能力有限，不敢为孩子事事包办，而会理性地选择划清生命界限，全力地成长自己的同时，尽早地帮助孩子学会承担自己的生命责任。

从教育的角度来看,家庭成员各自承担起各自的生命责任,这叫"复命"。父母应回归自我,回归寂静的本心,用行动来诠释自我生命的意义,并教导孩子独立,孩子会自然而然地明确自己的生命责任,家人们各自处理好自己分内的事情,这叫"知常"。当每一位家庭成员从生命原力觉醒阶段升华到了"各复其命"的生命状态时,每个家庭成员在满足各自生命需要的同时,每个人都应作为对方的礼物而呈现,这样一个家庭才符合生命的天道,才能达到"一加一加一大于三"的效果。慢慢地,亲子关系也会发生质的转变——从"父母滋养、引领孩子"的关系,发展到"父母与孩子合作共创未来"的阶段。

妈妈影响了孩子的命运

性格决定命运:
播下行动会收获一种习惯;
播下习惯会收获一种性格;
播下性格会收获一种命运。

因为从怀孕到孩子两三岁的萌芽时期,孩子跟妈妈相处的时间要比爸爸长,所以妈妈是"播下行动"最关键的人,更是影响孩子命运的人。

蔡志忠说,在他小的时候,妈妈在后院养了很多鸡鸭鹅和好几头猪,因此妈妈必须凌晨3点多起床,背着他煮猪食、调理鸡食,然后喂猪、喂鸡、喂鸭、喂鹅。清晨5点她还要赶着煮稀饭,好让一大早到田里巡视稻作、回家准备到乡公所上班的父亲吃早餐。蔡志忠从小一直坚持每天凌晨 3 点以前起床，就是婴儿时期跟着母亲早起培养出来的习惯。

《时间之歌》这本书的扉页，蔡志忠写着：

仅以此书献给我的母亲：蔡余治

从我儿提之时，她就背着我于凌晨 3 点多起床，煮猪食、喂鸡鸭，也因而养成我每天凌晨 3 点起床的习惯，让我每天都有很长、很长的时间能优雅地思考有关时间的问题。

因此，直到今天，蔡志忠一直保持着每天凌晨 3 点以前起床的作息。

蔡老师为了鼓励我和晋锐也养成早起的习惯，曾给我发过一封这样的邮件。他说："清晨时间金不换，因此要用不好的时间去换金不换的时间。白天尽可能少说话、不刷手机、不看电视、不上网看八卦，这样便可以只睡四个小时。晚上吃完饭后尽早睡觉，这样便可以在晚上十一点以前自动睡醒起床，然后用最清晰的大脑深层思考！我已经用这样的节奏，生活了大半辈子。"

时间对于每一个人都是平等的，蔡老师之所以有如此多的成就，其根源之一就是母亲从小给他养成的早起的习惯。

母亲的怀抱，就是孩子最温暖的校园。

教育孩子，应该从母亲的膝头开始。

妈妈无条件的爱，开启孩子觉醒的原力

蔡志忠说："母亲是全家智慧最高、最独立的，对我的影响比父亲还大。"

蔡志忠小时候，家里的日子过得并不富裕。维持一大家子的生活不容易，逢年过节，家里买鱼买肉是父亲的责任，而平时买豆腐的则是母亲。那时候卖豆腐的小贩总是很准时地在早上九点吆喝叫卖，听到小贩的吆喝，母亲总会对小儿子说："拿上钱出去买块豆腐。"豆腐买回来后先用盐水卤上，放在柜子里，然后母亲去洗衣服。母亲在后院洗衣服时，蔡志忠总是蹲在旁边听她讲故事，或者是他讲故事给母亲听。有意思的是，他经常瞅着空当跑进厨房偷吃一块。

"每天的豆腐都被我吃掉一半，但我这样吃了十年，母亲从来没问过我'豆腐是不是被你吃了？'"

回忆起儿时的往事，蔡志忠像个孩子笑得那么开心。

这件事的处理，蔡妈妈有大智慧。就是到了现在，物质极大丰富的时代，如果一个孩子"偷偷"去厨房，把全家这么多口人只有逢年过节才能吃到的难得的"珍馐"一个人吃掉一半，我想一般妈妈的反应肯定是教训孩子。脾气好的妈妈也要随口问一下孩子："是不是被你吃了？"可是蔡妈妈却用心感受到了孩子身体的需要，选择"睁一只眼闭一只眼"，装作不知道，而正是这样的"相信"，让蔡志忠现在回忆起来，仍能感觉到妈妈无条件的爱与温暖，内心充满了感激和力量。

蔡妈妈的做法，也正符合了老子说的"不贵难得之货，使民不为盗"的思想。蔡妈妈用行为告诉儿子，以平常心对待一块珍贵难得的豆腐。表面的"稀贵之物"在妈妈眼里也只是普通之物，妈妈不看重这些，而是看重这个所谓的"难得之货"带来的根本价值——可以使她最爱的小儿子"实其腹，强其骨"。正因如此，儿子的行为在妈妈心中根本称不上"偷吃"，而是她了如指掌、心知肚明的一件事。我想，蔡妈妈应该没有读过《道德经》，但是生活的艰辛历练让她充满了智慧，也许她只是"日用而不知"而已。

大智若愚的蔡妈妈在这件事上，对儿子的养育达到了一种无为无言的状态。孩子在这样的爱与包容的养育下，会慢慢学会看清事物的本质，不会被外物的表象所迷惑，更不会陷入追逐"品牌泡沫"的欲望中。因为妈妈做到了"见素抱朴，少私寡欲"，所以造就了一个内在富足丰盛的孩子，未来这个孩子才能晋升到"绝学无忧"的维度。

我们回看现在的蔡志忠，就可以清晰地看到当年受妈妈影响的痕迹。蔡志忠说自己的资产超过20亿人民币，但他每天的消费不过二三十元。

白衬衫，衬衫左胸上有一个口袋，插着几支笔，米色休闲裤，帆布鞋，无论是开画展、举行新书发布会，还是日常出门、会客，一年四季几乎都是这身打扮，二十年没变过。甚至好几次，他在参加电视台的节目录制和新书发布会现场，被人发现衬衣的肘部和裤子还带着磨破的洞。

年轻时，为了在事业上取得成就，他给自己定了一个原则：把生活尽量简单化。

他曾经一下子买了30件同样的白衬衫，20条同样的裤子和14双同样的帆布鞋，他以为后半生足够了，没想到自己活得比鞋子还要久。

出门时他会随身带一个帆布包，里面装着宝贝——画笔。拍照时，会戴上一顶礼帽,他说是为了遮丑。让蔡志忠自己都感到不可思议的是,他居然还成了某一年的"时尚先生"。

穿衣简单,吃饭更是如此,一个馒头就可以打发一天。

一天只吃一到两餐,不过是馒头、青菜,再配一碗清粥。不吃早餐的习惯已经保持了四十几年。他说:"吃多了,聪明的大脑就会变成猪头。"他认为肚子跟大脑成反比,肚子空空时,智商最高;吃饱饭之后,智商最低。他更不喜欢为了吃饭而中断创作,吃过饭后,往往回不到吃饭前的创作状态。

蔡志忠说:"对物质的需要减到最少,才能得到更多的自由。如果拎一个名牌包,还得配名牌的衣服,这样就被限制住了。"

物质真的不重要吗?

蔡志忠说:"当你的精神生活足够丰富,对物质生活根本就不会在乎。"

蔡志忠的内在已经达到了极致的丰盛富足!

蔡志忠认为,人生就是这样的:在睡觉、吃饭、穿衣、应酬、享受等方面支出的精力多了,就容易在事业上偷懒,时间和精力也不够用。单纯可以让人享有充分品味的乐趣,复杂只是疲于奔命而所获甚少。所以,他要求自己的行动都要有意义,不做无谓的事,不听无聊的话,不受与事业无关的杂事或杂念的干扰,不做不必要的体力浪费。

他说:"生命不是用来换取财富、换取名利的,这些都带不走。

而是要尽情做自己，完成自己的梦想。"

虽然蔡志忠有很多标签，诸如漫画家、哲学家、科学家、作家、收藏家、桥牌专家等，但他最得意的还是"开悟的禅师"这个身份。而这位开悟的禅师，他的根源在于他有一个好妈妈。

用蔡志忠自己的话来说就是："每个孩子都是天才，只是妈妈不知道。很有幸在我很小的时候，就有一位知道我是天才的蔡妈妈。"

唯有妈妈才能够实现的崇高事业

蔡志忠小时候很安静，这来自家中的传统，他家有人说话是因为有事情要说，平时大家维持静默不讲话。他一生当中，跟父亲、大哥、大姐、妹妹大约说不到几句话。他回忆，他七八岁时曾跟二哥睡同一张床，整整两年时间，印象中他们好像不曾对谈过。蔡志忠也因此养成不太爱说话而爱思考的习惯。

他说："我跟母亲则是无话不说，妈妈是影响我一生的最重要的人。"

蔡志忠说自己能成为漫画家，跟母亲有一定的关系。由于母亲不认识字，记得从很小的时候开始，他便经常讲故事给母亲听，无论故事是从童话书中看来的，还是从老师那儿听来的，或是他自己瞎编的……这也让他因此养成了很会编故事，擅长用画面、用漫画讲故事的习惯。

与妈妈的相处方式，会让一个孩子形成特定的思维和行为模式。智慧的妈妈具有"水"的特征，"至柔而至刚，以其善下，善利万物"，能够激发孩子的潜能,引发孩子思考与表达,令孩子迸发出先天的原力。

蔡志忠与母亲无话不说，记忆中，放学回家第一件事就是急着找妈妈，跟她报告今天老师说了什么，学校发生了什么新鲜事。

如果课堂上老师说了一个《天方夜谭》中的故事，他会把整个故事从头到尾跟母亲重述一遍，妈妈会边喂鸡鸭，边听儿子复述神灯的故事。年幼的蔡志忠有时看她干活太认真不专心听自己讲，还会生气地责怪她没仔细听。

"刚才讲的神灯的故事你有没有在听？"
"有啊，有啊……"
"那我刚才讲的什么，你重复一遍……"
"好啦，好啦，真的有在听啦，你继续讲……"

贫穷乡下的妈妈必须身怀绝技，身兼数职，且具有多种技能：会炸地瓜、做鸡蛋小丸子，替小孩准备零食，教孩子唱儿歌，还负责为孩子说故事。蔡志忠最喜欢蹲在井边，听妈妈边洗衣服边说白贼七、虎姑婆、廖添丁、邱罔舍、周公斗法桃花女、陈三五娘的故事。

妈妈对孩子所做的事表示关心，能使孩子得到鼓励。孩子对某件事情有兴趣，很多时候是因为受了妈妈的影响。蔡妈妈与儿子一起讲故事的画面，是如此温馨与幸福，这成了蔡志忠一生中最美好的回忆。妈妈和孩子一起做事，是对孩子的一种鼓励，这对孩子不知会有多大的好处。因为妈妈喜欢的事情，孩子也会喜欢。妈妈耐心倾听时的状态，是胜过任何语言的一种鼓励。

心的教育就是相信、认同、爱、鼓励、支持。妈妈用真心给予孩子的爱，孩子会感受到，这种爱的力量能培育出美好的心灵。妈妈要善于发现孩子的优点与进步，真心地赞美孩子。一句赞美，能给孩子莫大的力量，能让孩子高兴好久。

妈妈要学会运用"从心所欲，不逾矩"的智慧来培养孩子，用心感受孩子，为孩子提供有效的支持，注重发展孩子的思维、才能、性格、品德等各项能力。

你的孩子比你想象的厉害 100 倍

作为母亲，有着创造一个伟大的杰出人物的机会，这也是唯有母亲才能够实现的崇高的事业。

所以，每一位妈妈都要提升到生命的高度来对待自己的孩子。"莫等闲，白了少年头！"

受各种故事的影响，蔡志忠从小就有着非同寻常的想象力，并且在潜意识中种下了"自命不凡"的种子。他总认为自己应该有着离奇的身世和背景。他经常想自己可能并不姓蔡，很可能是别人家的小孩；父亲应该是个大将军，会很多的武功；他长大后要到山上去练武功，打败敌人……

他说："我小时候常想象自己是故事的主角，想象着王度庐的武侠小说《鹤铁五部曲》中，玉娇龙于风雪中骑着白马，把她刚生下的小男婴放在一户人家的门口，而那个小男婴就是我自己。"

于是他经常不止一次地问母亲："妈妈，我真的是你亲生的吗？"妈妈总是回答："傻孩子，你当然是我亲生的。"

其实，他非常希望有一天能从母亲那里得到否定的答案，期盼着自己的身世有那么一点点特别。

由于蔡志忠小时候被输入了大量的经典故事，他有着天马行空的想象力。由于他受到故事中伟大人物的影响，他从小就知道，自己未来一定是一位了不起的人物。因此他把自己从小到大用过的东西都收藏得很好，把每一个年龄所经历的事情清晰地加以记录和整理。

当我来到在绿树繁花中的蔡志忠工作室，一推门首先映入眼帘的，就是偌大的别墅大厅里占据一整面墙的书架，里面整整齐齐地摆放着蔡老师从小到大的各种资料。另一面墙的架子上则陈列着包括金马奖在内的大大小小的奖杯。

在与蔡老师的交谈中，他会时不时像变戏法一样，将他人生中的"道具"一个接着一个地展示出来：他时而拿出自己十五岁时的漫画手稿；时而找来一本纸张已经发黄、变脆的《蔡宗族谱》；时而展示起世界各大报纸杂志对他的采访报道，他说这是向别人介绍自己的"简历"。

追根溯源，这一切都与他小时候受母亲的影响有关。蔡志忠的父亲是个无神论者，不信鬼神，他从不念《圣经》，不进教堂，答应信教只是因为朋友义气。而他的母亲则是把天主当成一般的观音妈祖神祇崇拜。蔡志忠说："我们家信仰天主教，获益最大的人就是我！"他一出生就受洗，一岁时就与六岁的二哥到道理厅和一二十个教友小孩一起上课。一岁的小孩虽然还不会说话，但天天听，听久了还是能

慢慢明白。

　　三岁半的他，就已经会背诵《天主经》《圣母经》《玫瑰经》等多首经文，当时他大脑里有 100 到 1000 个《圣经》故事，有 50 到 100 位厉害的人物。每位《圣经》中的人物都有自己的一套绝技，例如：诺亚会制造超大方舟；摩西能将拐杖变成大蛇，能分开红海，带领犹太人从埃及回到以色列；耶稣有超能力，能以两条鱼、五张饼喂饱三千个信徒，也能施展超能力，让盲人重见光明、令跛脚的人正常走路。而当年的蔡志忠也就自然而然地认为自己也会是一个厉害的人物，而正是这一信念影响了他的一生。

　　　　　　每个小孩都是天才，
　　　　　　只是妈妈不知道。
　　　　　　启发你自己的子女，
　　　　　　让他们的心充满想象力。

　　　　　　鼓励他们努力做自己，
　　　　　　帮助他们完成心中的梦想。

智慧的妈妈勇于追求自己热爱的事物

蔡妈妈之所以能对孩子如此理解和信任，与她从小就要承担家务有关。据蔡志忠回忆，母亲没嫁给父亲之前，是家中的大姐，从小就要帮忙照顾妹妹和略有残障的弟弟，由于从小便主持家务，很有自己的想法，不像一般乡下妇女遵循"三从四德"，百分之百听从丈夫的指示。

蔡妈妈小时候为了照顾好弟弟妹妹，会将自己归零而与他人同频。虽然她不识字，但就是这些帮助他人的经历，让她拥有了"和其光，同其尘"的能力，保留了她生命中原本的慧性和感受力，为后来理解孩子、养育孩子奠定了坚定的基础。

从小做家务的经历，会让人学会独立，不仅自己的事情自己做，还会从承担家务中，学会站在不同的角度思考和解决问题，收获帮助他人的成就感和喜悦，不断地增强对自我的认可。通过承担家务不断建立起来自信，也能让人学会为自己的决定负责的思维方式。有了这些生活的历练，蔡妈妈在嫁人后，性格上也保持着独立，会坚持自己的想法，不会为讨好他人而百分之百放弃自己的喜好。

所谓好妈妈，一定是保持独立人格，坚持追求自己热爱的事物，同时也会深爱他人和注重他人感受的人。

蔡妈妈对喜爱事物的执着，以及这种与他人同频的超级感受力，可以从蔡妈妈看歌仔戏时的状态与对戏中人物经历的感同身受看出来。

蔡志忠回忆，母亲很爱看歌仔戏，每当两个月一次的歌仔戏班巡回到花坛戏院演出时，她总无视父亲生气与否，非要去看一场不可。

两个月一次，当歌仔戏的锣鼓声打破乡下的平静，歌仔戏公演的广播宣传车到乡下扫街发广告传单时，孩子们总是追着宣传车抢歌仔戏广告戏单。好不容易抢到一张戏单的蔡志忠便急忙跑回家告诉妈妈："妈妈！这次是演许仙与白娘子，我们哪一天去看戏？"

迫不及待的母亲一定回答说："明天下午我们去看第一场。"

第二天父亲吃过午饭，她急忙洗完碗盘，还来不及把碗盘摆入橱柜，便拉着小儿子直奔花坛戏院。随着"陈三五娘""陈世美与秦香莲""孟丽君"的悲欢离合的故事，她总是边看边哭，泪流满面，哭得像亲人过世一般。

散场后，蔡志忠的主要任务是：先回家打探父亲是否已经从田里回到家里。如果父亲在家，他得偷偷打开厨房后门闩，轻掩门板，然后再回去告诉躲在稻草团后的母亲。只见她手捧着预藏在后院柴堆上方的喂鸡鸭的空盆，从厨房后门进屋，假装自己在后院工作了一整个下午。

其实，父亲心里明白得很，他早知道只要有歌仔戏班到花坛演出，蔡妈妈一定不计一切后果去看戏。宁愿忍受父亲臭着脸生气一整个星期，她也要飞到戏台前过过戏瘾。只要一听到歌仔戏的锣鼓声响起，她的心就无法平静，无法安心地做家事，得先去看完一场歌仔戏，让平凡清淡的乡下生活变得精彩绚丽。但她还是很克制自己，也像跟父亲之间形成的默契，每次歌仔戏班来花坛公演十天，她只去看一次下午场。如果父亲不反对她看戏，她一定日场、夜场连看十天二十场戏。

于是蔡志忠家每两个月都会上演一场情节一样的戏码：歌仔戏到乡下公演十天，母亲偷偷去看一场戏，父亲臭着脸一个星期。

蔡志忠小时候很不能理解，既然母亲那么爱看戏，为何父亲那么反对？

后来他才想清楚，在贫困的农村里，父亲不能谅解自己辛苦地在田里工作时，母亲不做家事，还花钱买票去看戏。

长大后，蔡志忠发现他的好胜心来自全乡书法第一的父亲，但他的成长与个性形成，大都来自他的妈妈。

蔡志忠擅于沉迷于自己所喜欢的事物，"横眉冷对千夫指"，不理会世间的习俗和别人的看法，随着心中想法做事，这种特立独行的个性来自他的母亲。

妈妈决定小孩的一生

一位美国心理学家为了研究母亲对人一生的影响，全美选出 50 位成功人士和 50 位罪犯，分别请他们谈谈母亲对自己的影响。

其中，有两封回信刚好都谈到同一件事——小时候妈妈分苹果的故事。

来自监狱的犯人信中写道：

小时候，有一天妈妈把几颗大小不同的苹果放在桌上。

妈妈问我和弟弟："你们想要哪个？"

我刚想说想要最大最红的那一个，弟弟却抢先说："我要最大最红的那一个。"

妈妈狠狠地瞪了他一眼，责备道："乖孩子要学会把好东西让给别人，不能总想着自己。"

我灵机一动，改口说："妈妈，我要那颗最小的苹果，把最大的那颗给弟弟。"

妈妈听了很高兴，亲了我脸颊一下，奖励了我那个又红又大的苹果。

我得到了自己真正想要的东西，从此我学会了说谎。以后又学会了打架、偷、抢，为了得到想要的东西不择手段。直到现在，我被送进监狱。

另一位来自白宫的著名人士这样写的：

小时候，有一天妈妈把几颗大小不同的苹果放在桌上，我和弟弟们都争着要那颗最大最红的苹果。

妈妈说："很好，门前草坪分成了三块，每个人负责一块，谁修剪得最好最快，谁就能得到这颗最大最红的苹果。"

我们三人开始比赛除草，结果我赢得了那颗最大的苹果。

我非常感谢母亲，她让我明白一个简单而重要的道理：要想得到最好的，就必须努力争取第一。

她一直这样教育我们，在我们家里，想要什么好东西都要通过比赛来赢得，你想要什么，必须为此付出努力和代价！

妈妈是孩子人生中第一位老师，妈妈可以教孩子说第一句谎言，也可以教他做一个诚实的、尽己所能做到极致的人。妈妈的性格、语言和行为会影响孩子的一生。

优秀的妈妈像一盏明灯，为我们抚育孩子照亮前行的正确道路。

如果我们自己不先把孩子教好，怎能期待学校、老师能将他教好？教育孩子要从孩子刚一出生便开始做起，家庭才是天下最好的学校。

人一生中，最早受到的教育来自母亲，母亲对小孩的影响非常重要，母亲是孩子最重要的启蒙老师。等孩子七岁之后，才到学校跟老师开始最初的学习已经来不及了。

母亲就是孩子的寂静彼岸

十五岁时，蔡志忠离家到台北工作，有时会突然想家。每当想家时，大脑里的第一个画面绝对是母亲慈祥的笑容。他突然明白一个真理：

母亲就是孩子的家，
母亲在哪里，
家就在哪里。
母亲就是孩子的寂静彼岸！

在母亲的怀抱里，心无挂碍，身心安顿。

❷ 天才来自早教

> 天才不是来自基因，而是来自从小接受外来的长期刺激，越早启发刺激，就越有成效！
>
> ——蔡志忠

三岁看大，七岁看老

三岁看大，七岁看老。零到三岁是最重要的。英国思想家约翰·洛克、法国哲学家爱尔维修都是早教的受益者，蔡志忠也不例外。一岁念天主教道理班，三岁半会背诵经文，大脑装满 500 至 1000 个故事，也因此引发思考。

天才不是天生的，而是出生之后的前几年所培养出来的。从一个人三岁的状态，便可以看出将来会如何。从一个人七岁的状态，便可看出他的一辈子。婴儿是一团素胚，把它放在什么样的模子里，就会烧出什么样的瓷器。

每个小孩刚生下来都是素胚，任你捏成方圆，染成各种颜色，他都没有意见。成方成圆、成红成黑大多来自三岁之前的铭刻期，给婴儿一块泥巴或一把小提琴，婴儿都同样有兴趣。我们给他什么，他就玩什么！

　　印度有这样的例子。1920 年，卡玛拉和阿玛拉两个女孩在印度米德纳布林被发现与狼群共同生活，卡玛拉看起来像是七到八岁，阿玛拉大约一岁半。她们被送到辛格牧师创办的米多那普尔孤儿院，开始与人类一起生活，但她们还是保留了狼的习性，喜欢吃生肉，热的时候吐舌头，晚上会像狼一样嚎叫。

　　一年后，小阿玛拉病死了，卡玛拉发狂地跑来跑去，大声哀号，这是她第一次流泪。

　　卡玛拉学不会语言，到孤儿院第二年才只能说出"水"这个字。直到第七年，才能说出四五十个单词，但能了解别人说话的意思。十七岁时，卡玛拉因肾衰竭死亡。

　　世界各地还有很多这样的例子。

　　狼养出狼少女，豹养出豹男孩，鸟养出鸟男孩……他们被发现后，都学不会人的语言，这些动物养出来的孩子，已经错过了婴儿学习语言的铭刻期。每个婴儿都是一个纯然的素胚，可圆可方可黑可白，形成什么习性重点在于三岁之前的教养。

　　早期教育的观念启蒙于英国思想家约翰·洛克，后来法国启蒙思想家爱尔维修等人也对此有着独特的看法。

约翰·洛克认为："人生下来是不带有任何记忆和思想的，人所经历过的感觉和经验才是塑造思想的主要来源。心灵开始时是一个空橱柜，一个人的好坏、能力高低，都取决于他们所受的教育。"

约翰·洛克说："婴儿时期所受的琐碎印象，都会对人造成重大影响，它们是自我的'白板'留下来的第一印记。例如，不能吓唬小孩晚上会有鬼怪出没，小孩会因此把夜晚和鬼怪邪恶结合在一起，从此再也摆脱不了这些噩梦。"

爱尔维修的《论精神》《论人》影响深远。爱尔维修说："人刚生下来，原本没有性格，人会有荣誉感和爱心，是后天教育的结果。人人都具有相同的学习能力，教育具有无限潜力，能解决人类的思想行为问题。"

在爱尔维修看来，人们通常认为教育就是由教师教儿童识字、读书、背诵教理问答。其实不然，儿童的真正教师是他们周围的对象，他们的全部观念几乎都是从这些教导者身上得来的。而且，不能把教育固定在专门受教育的时期，亦即童年和少年时期。人的一生其实是一场长期教育，要从胎儿开始，一直持续到死。婴儿的心灵纯净得像白纸一样，没有任何印迹；幼儿如同瓷土，可以捏成方形或圆形，上釉成

为红色或蓝色等任何瓷器，最重要的时机在三岁之前。

所谓三岁看大，七岁看老。出生之后这段时间，跟孩子关系最紧密的妈妈影响力最大。

一个孩子将来成就如何，跟他幼龄时期妈妈的教导有很大的关系。但务必要帮助孩子成为他自己，而不是父母的复制品。

蔡志忠说："通常小孩都是由母亲带大的，因此小孩的个性也大多来自母亲。我本人就是一个例子。

"母亲跟我交谈时，总是以相互斗嘴调侃的方式。例如，我跟别的小孩到田里抓泥鳅，玩得双手很脏。她会说：'哇！好厉害，能玩得这么脏！这么脏的手，除非用菜刀剁掉，否则怎能洗得干净？'我说：'不必剁，我自己洗给你看。'"

蔡志忠说："小时候，我喜欢端着一碗饭，边吃边到左邻右舍串门子，到处打听新闻。母亲会说：'哇，好厉害，一顿饭竟然可以吃到天涯海角！今天有什么新闻？'

"我就像如今的新闻记者一样一一道来：'左邻阿花下星期一从台北回来，右舍阿珠明天有人来相亲……'听完，她说：'你这么认真当新闻播报员，有没有人给你钱？'我说：'我当义工，不收钱。'

"我聪明，反应快，大概是因为从小妈妈就以这种方式跟我对话，培养了我随机应变的能力。"

说到这里，蔡志忠笑得像个孩子，仿佛一下子回到了儿时依偎在母亲身边的童年生活。

这时的蔡妈妈更像儿子的伙伴，在幽默、风趣和调侃中，让儿子不仅享受了与母亲在一起的时光，还培养了他机敏的反应力。

蔡志忠有了女儿之后，也传习了蔡妈妈的这种教育模式。

他说："后来我有了女儿，我也学母亲跟我对话的方式跟女儿讲话。例如，我常笑着对女儿说：'好丑！好丑！长得好丑！'女儿回答：'不丑啊！很漂亮，怎么会丑呢？'我继续说：'哪儿有漂亮？明明是长得很丑啊！'女儿似乎明白了其中的用意，于是反击道：'没办法，因为爸爸长得实在太丑啦！'

"渐渐地，女儿也学会以调侃的方式跟我对话，她确实也变得反应快，比别的小孩聪明。"

蔡志忠建议，家长应该对孩子的早期教育非常重视。为此他还专门研究过早教方面的课题，并出版了《漫画天才巧克力》《漫画天才计划》等关于早期教育的书籍。

早教是培养天才的唯一方法

能力并非天生的，天才并非得自遗传，早期教育可以使孩子产生超常的能力。

蔡志忠说："我一岁就开始念天主教道理班，四岁半就决定画画一辈子，从小就爱看书、爱编故事。虽然我的二哥六岁时跟我一起上道理班，但对于已经六岁的他，早已错过了早期教育最关键的铭刻期，所以学习《圣经》对他完全没有影响。因为他已经远超三岁，已接近七岁看老的年纪了，所以《圣经》中的故事对他丝毫没产生影响。我擅于思考是由于上道理班改变了我的思想、观念，而不是我一生下来就是天才，是从小不同的环境改变了一个人的将来。

"这也正是与我一起上道理班的二哥和其他一起上课的小孩所受到的影响比较小的原因。二哥大我五岁，六岁的小孩已经养成习性，新事物对他产生不了大的影响。而我才刚会学走路、讲话，是一张完全没染上任何颜色的纯洁白纸，可以被染成各种颜色，因此对我产生了非凡的影响。"

在蔡志忠看来，在三岁半之前，在孩子的大脑输入 1000 个故事，必能提升他们的想象力和对世界的认知。智商不是来自父母，而是三岁半之前就听了 1000 个故事，引发自发性思考才变聪明的证明。

正如德国牧师卡尔·威特所说："让孩子听故事可以锻炼小孩的记忆力、启发想象、扩展知识。传授知识，用讲故事的形式容易记住。教育孩子，运用讲故事的方法是最有效的。"

天才不是来自基因，而是来自从小接受外来的长期刺激！尤其是在小孩的心智完全没安装任何"软件"时，越早启发刺激，就越有成效！

从我的教育实践来看，晋锐三岁就开始自我阅读，六岁就找到了人生的梦想，十三岁就出版了第一本 13 万字的具有一定思想深度的书，就是早教重要性和有效性的最好印证。

父母亲要及早为子女重新灌输软知识，启发自己的子女，让他们充满想象力。鼓励他们努力做自己，帮助他们完成心中的梦想。

尽早开发大脑

伦敦大学伯克贝克学院教授莱斯利·塔克说："在生命的头两年，脑细胞以令人难以置信的速度生长和发挥影响力，一两岁小孩的脑神经细胞之间的联系，比成年人高出 150%。"

婴儿随着大脑高速发展，智力也高速发展。从婴儿阶段开始，如果环境丰富和教育训练适当，将会获得意想不到的效果。

天才不是天生的，天才是后天养成的。在孩子出生之前就要展开他的天才之旅。每个小孩都具备成为天才的条件，只是父母要及早地将他的才华开发出来。

西方近代自由主义代表人物约翰·穆勒、德国大文豪歌德、英国历史上最年轻的首相小威廉·皮特、法学家韦斯特·贝里伯爵、英国女推理小说大师多萝西塞耶斯、热力学之父威廉·汤姆森爵士、电子之父约瑟夫·汤姆生、美国物理学家理查德·费曼、高尔夫神童泰格·伍兹，等等，他们名声大噪，都得益于父母对他们进行的早期教育。

天才总是起步很早！

什么样的父母，养出什么样的孩子

说起早期教育，蔡志忠表示："给孩子一堆沙或一把小提琴，对他都是一样的。给他沙，他就玩沙；给他琴，他就玩琴。天才最关键的就是婴儿期的周边环境，什么样的环境造就出什么样的人，什么样的家庭养出什么样的小孩。"

音乐家里有很多早教成功的案例，很多音乐家出生于音乐家族，从小便被培养对音乐的兴趣。李斯特、莫扎特、圣桑等人的才能都是他们的父母实施早期教育的结果。

贝多芬的祖父是宫廷乐师，父亲是男高音，而且他们刻意培养贝多芬成为音乐家。

李斯特的父亲是业余音乐家，他五岁时父亲教他弹钢琴，八岁时开始作曲，九岁登台表演。李斯特是浪漫主义音乐的主要代表人物，是匈牙利最有名的音乐家。

莫扎特出生于音乐世家，祖父和父亲都是宫廷乐师。莫扎特还不会走路时，便会爬上钢琴弹奏和弦。有一次，父亲与朋友回到家中，看到四岁的莫扎特正聚精会神地趴在五线谱纸上写东西。

父亲问他："你在干什么？"

莫扎特说："我正在作曲。"

两位大人哈哈大笑，以为这是四岁小孩的涂鸦。在父亲仔细看了莫扎特写的乐谱之后，不得了！他相信儿子将来一定能成为出类拔萃的作曲家，于是便开始指导莫扎特作曲。

天才并不是来自基因，而是来自后天栽培。一个婴儿出生后，他接触到什么就会受什么影响！如同中国小孩周岁时的"抓周"习俗一样，小孩没有偏见，他抓到什么就玩什么，也从摸索的过程中学会什么！

美国行为主义的创始人约翰·华生说："请给我十二个健康的婴儿让我教养，我能随意选一个训练他成为医生、律师、艺术家、商界首领等任何一种专家，甚至训练成乞丐或窃贼。"

约翰·华生认为天才不是来自先天基因，而是出生时的环境和教养所产生的。

古代圣贤出自早教

两千多年前，是全球智者喷发的年代。老子、庄子、孔子、孟子、孙子、苏格拉底、柏拉图、亚里士多德、泰利斯、阿基米德、毕达哥拉斯、欧几里得等智者辈出。

人类文明发展了几千年，我们不能说现代人比古人更聪明。从前贵族们对自己的子女实施早期教育，孩子从小在家里时便开始教养。

魏晋南北朝时期，王侯世家便很流行早期教育。三国时期曹操的诗豪迈霸气，儿子曹丕、曹植的诗词也很优美，他们三人的文学造诣对文坛有很大的影响，史称"三曹"。"书圣"王羲之的儿子王献之的书法也不遑多让。

东晋时，士大夫几乎都是世袭，贵族的小孩一出生便开始接受教育，以成为接班人。

东晋宰相谢安问子侄们："子女们何尝想当官过问政事，你们为何要培养他们成为优秀子弟？"

车骑将军谢玄说："这好比芝兰玉树，总希望它们长在自家庭院啊！"

由于生长于政治家庭，从小对政事耳濡目染，又接受了早期教育，六朝时代出现了非常多的早教"天才"。

圣贤是教育出来的，天才是培养出来的。

世上的每个小孩都可以变成天才，只要在他很小的时候便将他的才能开发出来。

在此为世间的每一个小孩祝福，愿他们"人人都是天才"！

③ 正确教导子女的方法

学习的关键就在铭刻期

鸭子、野雁刚出生的 28 小时是它们的铭刻期。一只刚诞生的鸭子，会以周边动得最厉害的物体为亲妈。如果把一颗蛋单独放在密室里孵化，诞生后如果周边会动的只有一个窗帘，它一生中便认定窗帘是自己的亲娘。

15 万只南极企鹅宝宝，如何在众多母企鹅中分辨出哪一只是自己的妈妈呢？靠的就是出生 28 小时内的铭刻期的超强记忆。

人的成长期间，每个时期都各有作用，学习外语也是如此，最佳的学习时间是在孩子十岁以前。钢琴应该从五岁开始学，小提琴从三岁开始学最好，否则，就不容易学有所成。

人的本性也有铭刻期，人刚出生时，是一个纯洁的素胎，在零岁到五岁期间形成好坏个性，随着成长，在社会中相互影响模仿，产生更多人性的优缺点。没有在此期间培养出善良本性，七岁之后就很难改正了。孩子上小学时功课落后并非他不够认真，而是孩子还没有在学习方面开窍，输在一至三岁时父母没提前启蒙教导。

孩子个性如何，将来对于这个世界的理解力如何，也必须在铭刻期的关键时候调教好。

教育小孩要从教育父母开始

每位父母都希望自己的小孩是天才，望子成龙，望女成凤，举世皆然，然而你是否仔细聆听过孩子内心的声音？是否用心观察过他所热爱的与他所擅长的？是否耐心地陪伴他经历最敏感的铭刻期？培养你的孩子，让他走一条适合自己的路，这样他才会终生无悔。

父母养育小孩，"望子成龙，望女成凤"的心理是可以理解的。但很多妈妈努力的方向是错误的，她们经常感到恨铁不成钢，老是觉得自己的小孩不如自己所预期的，功课不好、成绩不尽如人意。孩子在学校考试，明明数学可以考100分，在计算纸上算对了，但抄进考卷时竟然抄错！妈妈对这种粗心大意非常不满意，在计较中引发诸多的情绪。

但很多爸爸内心几乎都知道，一个小孩将来是不是很有成就，跟他在学校里是不是考100分关系不那么大。因为他们看到很多成功的企业老板并不是出身名校，反而名校第一名的优等生只能充当他的秘书或幕僚。

爸爸不计较小孩的考试成绩是否满分，但妈妈则很在意孩子的成绩，也怕自己的孩子输在起跑线上，所以让小孩每天到处去上各种学科补习班和才艺补习班，搞的小孩对学习很是厌烦。最后，不是让孩子赢在了起跑线上，而是累倒在了起跑线上，再也提不起学习的热情和兴趣。

其实妈妈不知道，每个小孩原本都是天才，是被我们养育成庸才的！

一对观念错误的父母，无法将自己的小孩培养成天才！

七田真说："如果父母认为孩子不行或冷漠不关心，孩子便真的不行。唯有父母先改变，孩子才会跟着改变。"

让孩子厉害 100 倍，最大的挑战是父母的心态。你到底真心爱孩子吗？你到底真的相信生命的力量吗？还是用内心制造出来的恐惧给孩子施加压力？真爱是没有条件的！

纪伯伦说：
　　爱所给予的，只是他自己。
　　爱所取的，也只是取自他自己。
　　爱不占有，也不会为人所占。
　　因为爱本身是自足的。

任何一个大脑正常的小孩都可以成为超级天才，都可以比现在厉害 100 倍，只要父母知道怎么将孩子的天才基因培养和激发出来！

爱学习是孩子的天性，
每个孩子都是完整的个体，
并不是父母的意志力的延续。
每个孩子都是一首诗，
但愿他长大以后，也能永葆诗的气质。

教育小孩要从教育父母开始！
父母对于小孩的成长非常重要！

以"巧"克力的方法

阿基米德说："给我 一个支点，我将撬动地球。"

如同人类利用杠杆原理一样，人总是用以"巧"克力的聪明方法克服困难、达到目标。"巧"是恰到好处！不太多也不太少，刚刚好。

我们的一生总会遭遇很多问题，聪明的人总是能以"巧"克力来解决问题。是学习让我们有能力，而天才总是能以"巧"克力！

如何教养一个小孩，使他成为一个思想、观念正确，又功夫了得、专业厉害，能以"巧"克力的超级天才？

教育小孩，要从教育父母开始。
让子女成为天才，
首先得纠正父母的观念。

一对错误观念的父母，
无法培育出"天才小孩"！

自己的孩子自己爱

如果我们不了解自己的孩子，期待将来谁来了解？
如果我们不爱自己的孩子，期待将来谁来爱？
如果我们不支持自己的孩子，期待将来谁来支持他？

如果我们不理解自己的孩子，期待将来谁来理解他？

如果我们不欣赏自己的孩子，期待将来谁来欣赏他的才华？

无条件的爱作用是什么？孩子感受到来自父母的无条件的爱，才会觉得安全，才会放心地跨出步子，跌倒了也不怕受伤，不怕被责骂！

每个父母都要爱自己的孩子，真正的爱是没有条件的永远支持！

蔡志忠对女儿的教育亲力亲为，他告诉我，他女儿数学曾经考0分，他还请女儿吃牛排，要她别介意！他很早便鼓励女儿及早选择自己的人生焦点。女儿英语、美术都是100分，数学考0分又何妨？

蔡志忠从女儿两三岁开始，每年都会跟她说一次："你是我的女儿，我是你的爸爸无可改变。无论你犯了多大的错，都不会改变这个事实，所以犯错不要怕我知道。全世界七十亿人当中，我是最乐意，也是真正帮助你最多的人。"

"我知道啦！"

"即使意外怀孕了，需要我帮助，你也要及早告诉我。"

"不会那么惨啦。"

"我是告诉你，我支持你、帮助你是没有底线的。"

"明白。"

不得不说，蔡志忠把爸爸这个角色做到了极致！这种无条件的爱，最终收获了女儿的最高认可——**父亲，永远的好朋友**。

2011年6月，《明日风尚》采访蔡志忠的女儿蔡欣怡，请她谈谈心目中的蔡志忠。

女儿说:"爸爸上辈子一定是我的好朋友。我们俩从来没有不同意见,因为他总是要我自己做决定。

"我们的互动实在不像父女:从未拥抱、亲颊,不曾搂肩或牵手过马路。但父女俩总是一起行动,传递一个眼神,碰碰手臂,总以好朋友的姿态一起尝试各种有趣的活动。

"例如,我四岁时,被拉去学捏陶土手拉坯;五岁时被带去观摩打桥牌,做最小的桥牌手;学着拿刻刀刻印章。我们还不时到处旅游。他在日本画漫画时,还教我日语,要我给他打电话到日本酒店。

"我和爸爸还有一个秘密,我们一起从事最多的活动就是背着妈妈溜到郊外偏僻的地方偷看一栋栋别墅,一起幻想有一天,我们会搬进去!

"这种父女相处的模式与互动,比起一般家庭,真的很特别。

"'好好想一想,将来要做什么?'这是爸爸最常问我的一句话。

"他说:'没有目标的女孩,以后只能当个家庭主妇。'

"我认为当家庭主妇是人生最坏的选择,只好急忙说要成为室内设计师,因为这是以看房为娱乐的我唯一熟悉的事情。

"随着年纪的增长,他问得更急,仿佛我的人生已驶入职业的终点站,再不下车,就来不及了。

"我能体会他从小立志成为漫画家的经历对他后来的影响,但我似乎走的是另外一条路。我并没有成为室内设计师,从事了IT、公关、艺术经纪等各种行业,在每个阶段中,才逐渐确立更明确的未来方向。

"任何事我都习惯征询他,从吃什么食物、读什么书、看什么电影,到选学校、买房子、交男友、找工作、买画等重要的问题,却等不到任何答案。我其实很需要有人引导,他却以为这种类似街头磨炼下的成长才对我有益处。

"2000年大学毕业后,我留在旧金山的一家法国计算机公司工作了两年,征询他的意见,到底要去哪里上班?纽约、东京,还是台北?

"记得他还跟我开玩笑说：'你要赶快找一个无辜的男人嫁给他，然后命令他去莫斯科或墨西哥上班，而你自己爱住哪里就去哪里。'

"而后他又补充道：'一百年前，东方最伟大的都市是上海，一百年后，东方最伟大的都市还是上海。'

"我非常感谢这个建议，在上海的十年工作经验让我学习到很多，并因此找到了自己想投入的事业。

"不过上海的男人可不无辜。

"十四岁那年，我想独自去日本旅游。妈妈是永远的反对者，我转向询问他。他没反对，但要我提交'计划表'。

"我提交了一份每天的行程计划：第一天要去后乐园，第二天去看画展以及喂鸽子，第三天要坐新干线到千叶迪斯尼乐园。他没再说什么，而是手绘一张又一张地图：如何从机场搭巴士，到哪里转车，如何去旅馆，怎样搭 JR 线去后乐园，还帮我订妥旅馆。

"这件事让我印象深刻，也让我知道他爱我之深，只是不善于表达。"

纪伯伦说：

你的孩子并不是你的。
他们是生命的子女，
是生命对自身渴慕所产生的。

他们只是经由你而生，但并不是你所创造的。
虽然他们和你同在，却并不属于你。

你可以把你的爱给予他们，
却不能把你的思想给他们！
因为他们有自己的思想。

虽然你提供他们的身体，却不能支配他们的心灵。

因为他们的心灵是住在明日的屋子，

你从自己的梦中也无法探访的。

你可以尽力跟他们相似，但不要让他们跟你相同。

因为生命不能倒着流，明天不能停留在昨日。

父母是弓，孩子是箭。

弓只能帮助箭到达箭自己要去的地方。

尽你的一切力量拉开弓，这样箭就能射得快而远。

让你愉快的手放开；让爱的箭飞抵达梦想。

我们无法照顾子女一辈子，所以尽早教他们独立自处。

父母该什么时候放手？

在他能站起来时，放手让他自己走。

有思考能力时，让他自己决定事情。

曾如我们会因为父母放手让我们自己做什么，而感谢他们。

因为不让我们做什么，而恨他们一样。

从女儿的言语中，我们可以看到：蔡志忠作为父亲，用实际行动做到了！这是多么伟大无私的父爱！

对于孩子，我们作为父母，应该真心地爱他、支持他、了解他、欣赏他，及早教育他成为优秀的人，引导他找到人生焦点，自发性学习，拥有智慧，成为早期教育下的灿烂之星。

爱要按部就班，别想一下子就能走出大海，一切都要先由小河川开始。

真爱你自己的孩子，要一步一步慢慢来。

但务必要以小孩的观点好好爱他，不由自我出发，这才是真心的爱。

请真心对自己的孩子好，每个小孩都是希望。

但要依小孩本分的性向，而不是贯彻父母的意志。

自己的孩子自己教

自己的孩子自己教，爱自己的小孩，要用行动证明而不是空口说说，这也是我一直以来用行动践行的教育理念。我为了让孩子有好的教育环境，也经历了类似"孟母三迁"的过程。如果我们在孩子上学之前，在家里没把自己的孩子教好，怎能期待学校老师有能力把孩子教好？

东晋宰相谢安的夫人常常亲自教育子女。

夫人跟谢安说："怎么从来没见过你教育孩子？"

谢安说："我常常教导他们啊！言教不如身教，做父亲的一言一行，就是小孩子的榜样啊！"

小孩最擅于模仿，因此我们必须身教，作为孩子的行为典范。孩子由母亲生出，但父亲也要分担教育孩子的责任。教育孩子，父亲的身教比言教更重要。

蔡志忠回忆说："由于我太太是电视台导播，经常加班排戏、录像。我结婚之前开动画公司，自己当老板比较方便，女儿从小便经常跟我在一起，由我扮演妈妈的角色。由于我很独立又不太讲话，女儿也跟我很像，独立自信得超乎寻常。"

女儿哭闹时，蔡志忠会拿出一本昆虫图册，里面有几百只各式各样的昆虫，打开书，他说："看啊！这里有只好大好大的蚂蚁！"

女儿含着泪，惊讶地看着图册中的大蚂蚁，只见爸爸用手一拍，说："打死这只大蚂蚁！"

看见大蚂蚁女儿便忘记哭了，跟着爸爸打光整本书的各种昆虫。每次女儿哭的时候，用这招都有效，她也因此认识了很多不同的昆虫。

蔡志忠回忆道："女儿一岁之前，有一天我们到木栅指南宫参观，回程下山，我跟她妈妈分别牵着她的小手走下 1000 个石阶梯。走到一半时，她突然发现自己能走路，再也不肯让我们牵她的小手，一步步高兴地独自走完石阶，她的两只婴儿布包包鞋都被脚趾头穿破了。"

小孩很爱学习，学成的快乐是世上没得比的至乐。

随后，蔡志忠又举了一个教女儿独立过马路的例子：女儿一岁半左右，有天晚上他载女儿出去吃饭，回到家他先打开靠人行道的车门让女儿先下车，他用大锁锁好车子从马路侧下车，发现女儿由车后走到马路上过来找他，刚好一部大卡车高速驶来，差一点点撞到她，他吓出一身冷汗。

他当下决定教女儿马路如虎口非常危险，于是跟女儿走到斑马线。

"你一个人，自己过马路给我看。"

"真的吗？"

"当然是真的，自己小心，注意看车子。"

"好，我会小心。"

只见女儿左顾右盼、如履薄冰地快速跑过马路，接着他又要女儿从对面再回来，女儿又如法炮制，跑回来。从此蔡志忠跟女儿过马路一定不牵她的手，注意路面高速行驶的车子便是她的事。

蔡志忠表示，他从不替女儿做任何决定，每次女儿有问题问他时，他都说："你有大脑，自己的问题由自己想，自己决定。"

不替孩子做决定，可以培养孩子从小养成独立思考决定事情的能力。

为了训练女儿，蔡志忠每次跟女儿到餐厅吃饭，拿着菜单点菜时都问她："今天我们吃什么？"

由于她女儿还不认识字，她说："你念啊！"

"回锅肉，120 元。"

"回锅肉是什么？"

"先把肉煮熟，回锅跟青椒、豆腐干一起再炒一次。"

"不要，不要回锅肉。"

"蒜泥白肉，180 元。"

"什么是蒜泥白肉？"

"就是把肉煮熟，再拌很辣的蒜泥。"

"不要，不要。"

"红烧豆腐，80 元。"

"要。"

"炒空心菜，60 元。"

"要。"

"自己点的菜自己要吃完。"

"好。"

女儿从小就不太爱吃东西，她自己点的菜她才肯吃。

蔡志忠为了训练女儿的思维，让她学会思考，养成思考的习惯，教会她独立自主，他会想出各种方法。

女儿五岁左右，很喜欢去家门口的西餐厅吃牛排和餐后冰激凌甜点。

蔡志忠鼓励她道："你随时可以自己一个人去西餐厅吃牛排啊。"

女儿很惊讶地问："真的吗？"

"付钱的客人最大，有什么不可以？"

"万一服务生不让我点菜怎么办？"

"关键在于进餐厅之后，你要先把一大沓钞票摆在餐桌上，然后再叫服务生过来点菜。"

女儿果然如法炮制，经常一个人到西餐厅吃牛排，这也养成了她敢于冒险的精神与独立自主的个性。

蔡志忠很反对让孩子学十八般武艺，参加各式各样的才艺补习班。他女儿七八岁时，她妈妈到法国拍外景一个月，有个星期天早上，他开车载女儿去上钢琴课，女儿说："我不想去学钢琴。"

"你不想学钢琴，我们就不去。"

"可是，妈妈刚缴了 4000 元学费。"

"去他的 4000 元学费！我们到市立美术馆看画展，不去学钢琴。"

强迫孩子学习他没兴趣的科目，会造成孩子对学习的怨憎。多才多艺等于一无是处，终究每个人只靠一把刷子混饭吃，及早选定单一目标苦练，才能天下无敌。

蔡志忠的女儿十四岁那年，敢一个人环游半个地球，从温哥华到日本，自己走了一趟。十七岁时，只身到纽约、旧金山、洛杉矶的四所同意她入学的大学亲自参访，最后自己选定旧金山大学。

女儿二十二岁大学毕业，从美国打电话给蔡志忠，说："今天毕业了，我能自己赚钱，从此不会再跟你要钱。"不是她女儿有很多存款，而是她认为自己已经长大了，再花父亲的钱很差劲！此后十几年来，她确实从来没有主动跟蔡志忠要过钱。

这些关于他教育女儿的一件件小事，蔡志忠娓娓道来，让我们能够感受到他对于女儿的爱，不仅是在心里、在口中，更是花费心血亲力亲为的培养，直到女儿可以独立生活得很好。

如果我们希望能真正善待自己的小孩，今天回家后先抱住孩子，然后问他："孩子，你真心希望我们怎么做？"

我们爱自己的孩子，将来会有别人来爱。
我们支持自己的孩子，将来会有别人来支持。
我们欣赏自己的孩子，将来会有别人来欣赏。

以心传心

我们能从蔡志忠在女儿二十九岁结婚那天的致辞中，发现他"以心传心"的教育奥秘。那一刻，他深情地表达着对女儿的爱与期许。

他说："我的父亲如同三千年前世代务农的祖先一样，很明白自己无法教导一个要到台北画漫画的小孩，他所能教的是跌倒要自己爬起来的独立勇气。

"对于将到美国留学的女儿，我能教导她的就是独立思考，勇于做自己，失败了擦干眼泪再站起来的精神。

"我们家的传统是，每个小孩生而为主，谁都有权力依自己的兴趣走自己的人生之路。

"我父亲的无为而治，让我有机会选择自己的最爱，完成梦想，我也把这个优良传统传给我的女儿，相信她也会将这个优良传统传给她的子女，以心传心再传三千年。"

致辞结束，获得台下如雷掌声。他的女儿婚后生了两个女孩，跟他的致辞一样，女儿也以心传心，教导她们独立自主，发展自己的个人兴趣。

鼓励才学得会

鼓掌才是最大激励！鼓励是原动力！

每个小孩都会画画，每个小孩都会唱歌，每个小孩都会表达。

不信你出去之前给孩子一盒蜡笔，回家之后保证你会发现孩子已经把家里整片墙进行了各种涂鸦。

每个妈妈都知道，就算是刚出生才几个月的婴儿，也会通过各种方法让妈妈知道他饿了、困了或身体不舒服。

为什么后来孩子都自称不会画画、不会唱歌，不敢表达呢？绝大多数的原因出自我们的指导错误。

鼓励是最好的原动力，讲好听的话看似简单，但要鼓励得很适当，鼓

励不等于盲目夸奖，过度的夸奖会适得其反。

孩子需要鼓励就像植物需要浇水一样，得不到鼓励的孩子，如同久旱的秧苗。

鼓励能帮助孩子恢复信心。

很多父母不知道什么是鼓励，他们以为鼓励就是说一两句好听的话。随随便便表扬一下孩子是没有用的。真正的鼓励跟真爱一样，就是没有条件的永远支持！

对于一个本来就缺乏信心的孩子，如何让他恢复自信是一件非常重要的事情。否则，后果将会很可怕，鼓励是帮助孩子恢复自信的最好办法。认同孩子的优点，鼓励他，用心理解他，夸奖他。

对孩子进行早教的过程中，父母不要以完美主义或自己所期待的目标去要求孩子，要以正面积极的心态发展孩子的潜能。

孩子犯错是成长的必要过程。孩子不听话时，要耐心劝导，永远不责骂孩子，鼓励才是激发孩子朝前迈进的原动力，责骂则会适得其反。只培育聪明的孩子并不够，孩子的心理素质才是最重要的。

蔡氏早教 12 法

1. 妈妈确定怀孕之后，先替孩子取个小名，妈妈随时抚摸肚子叫他的名字，每天早晚各跟他说话一次，通过母子之间爱的感应，开发孩子的右脑能力。平时多听一听莫扎特的音乐，挑一些反复听，一直到孩子出生。之后慢慢再换莫扎特的其他音乐。

2．让孩子从婴儿时期起就与广阔的天地结下友谊。孩子满月后，经常抱出去散步，让孩子欣赏大自然的美。告诉他周边的一切，从单字慢慢过渡到双字：花、草、树、猫、狗、云、鸟、家、鸭子、小鸡、天空、玩具、妈妈、爸爸……

3．孩子满月后，开始教他讲简短完整的一句话："现在是宝宝吃奶的时间了。""宝宝吃饱了，是乖乖睡觉的时间了。"重复再重复，不断重复之后，孩子慢慢会懂，也会咿咿呀呀地模仿学习。

4．孩子六个月大能坐时，给他看花卉、昆虫、鸟类等，看动物图册，爸爸妈妈一边用手指指着图，一边告诉他每个图片的名字。还要继续听莫扎特的音乐，播放时告诉他每首乐曲的名称。

5．孩子一岁时，开始给他读绘本，一边让孩子看图画，一边讲故事给他听。虽然他不一定听得懂，但是听很多次之后自然会慢慢产生兴趣。

6．一岁半之后，买一台小钢琴或电子琴，在每个音符上贴上七彩颜色，然后教他弹琴。制作 ABCD 等 26 张英文字母卡片，先教字母，再组合成单词教英文。学中文时先教汉字，以中英文儿歌为载体学习语言。

7．跟孩子一起看有文字和插图的童话书，讲故事给他听，之后让自己看。他有文字不懂时，耐心地跟他仔细说明。在亲子游戏中唤醒孩子与生俱来的巨大潜能，并使亲子之间的爱愈加深厚。

8．带孩子去散步，教孩子沿路看到的一切事物。用火柴盒教孩子数学，引发他对数学的兴趣。用扑克牌跟孩子玩记忆游戏，培养孩子的记忆力，寓教于乐，让他在快乐的体验中迅速成长。

9. 跟孩子一起看探索频道和美国《国家地理》等纪录片节目，引发他对世界万物的兴趣，给他一本图文并茂的百科全书，让他自己读。

10. 让孩子接受心灵教育，每天至少跟他讲一个故事。重复讲同一个故事也无妨，孩子喜欢听自己很喜欢的故事。无论已经讲过多少次，他都爱听。孩子听过 1000 个故事之后，他的表现绝对会让你刮目相看。

11. 每讲完一个故事，要问孩子将来想要当什么样的人。及早让孩子有人生目标，选择自己的人生之路。不要为孩子设定成长标准，接受孩子最自然的状态。

12. 买很多绘本让他自己看，引导孩子找到他的焦点，并替孩子准备所需要的一切。认同孩子的优点，鼓励他，夸奖他。

七田真曾说过："孩子不乖时，父母要紧紧拥抱孩子，告诉孩子我爱你。多拥抱孩子，肯定、赞美孩子，有助于培养孩子的自信心和良好行为。"

一条绳子可串出一串佛珠，也可以编结成一条鞭子。

❹ 让孩子有机会成为他自己

小孩是生命的希望

每个小孩的诞生，都代表着生命的无穷希望。

然而，我们应该如何正确教育自己的小孩？

人异于其他生物之处就是：人有自我跃升的能力！

使自己与众不同的方法不只是学习而已。

作为智者，蔡志忠提醒我们每一个人：

每个人一生下来就已经是自己了，如果你不当自己，那么要让谁来当你？然而这个"自己"要自己来定义，你可以想象自己是什么，然后全力以赴去达成梦想。

生命其实很简单：每个人都有自己的天堂，每个人的天堂都不一样。

为人父母，要用行动去完成自己，找到自己的天堂。

帮助孩子寻找他自己

孩子不是我们的财产，更不是我们的复制品。

善待孩子就是帮助他完成他的梦想，在这之前帮助他寻找自己、发现自己。

父母要是望子成龙，望女成凤，就不要去要求他，就像每个小孩都是箭，父母是弓，弓的责任就是帮助箭去该去的地方。

孩子做自己才能成为厉害角色，而不是活在父母的期待里。

让孩子成为自己的主人

蔡志忠十五岁离家到台北画漫画。从小到大一共在乡下家中住了十五年。

在他有记忆以来，他们家从来不需要用问句说："妈妈！我可以吃人家送来的月饼吗？"

直接把六个月饼都吃光就是了。

也不需要用问句说："爸爸！我可以坐车到彰化市看电影吗？"

只要去看电影之前告知一下便可以了。

十五岁时，他要离开家乡到台北当漫画家，从此不再回来，也不是去征询爸爸同不同意，而是离家前一个晚上告知父亲明天要走了而已。

人，生而自由
真正爱自己的小孩就是理解他、信任他，
让他自己决定自己的人生之路，
让他有机会实现自己的梦。

让孩子走适合他的路

全天下没有人不爱自己的小孩，但怎样才是真正爱自己的小孩？这要由小孩来评断，不是父母说了算。

犹太法典《塔木德》中写道：

如果父亲没有教给儿子谋生技能，

那等于教他成为一个贼。

培养你的孩子，让他走一条适合自己的路，

这样他才会终生无悔。

给予小孩最大的空间，放手让他自由发挥，才是真的爱自己的小孩。

❺ 及早让孩子选择人生目标

坚持发展自己的挚爱

每个人都有自己的才华和渴望，父母要帮助孩子找到挚爱，及早规划自己的人生之路，朝向目标完成梦想。

比尔·盖茨说："不要拿自己跟世界上任何人相比，如果你把自己和别人比较，那是对自己的侮辱。"

> 人生最重要的两天是出生的那一天，
> 以及明白自己将来要成为什么的那一天。

及早立志，明确目标

蔡志忠回忆，自己在小学三年级时第一次写作文，题目是《我的志向》。当时他早已立志当职业漫画家，但生怕真的写出来会令不让同学看漫画的老师生气，将这篇作文评为 0 分，因此他刻意隐去志向主题。

他记得那篇作文最后几行，他写上："我要立大志，做大事，做一番轰轰烈烈的伟大的事业。"

结果，那篇作文被老师评为 100 分，第二次作文课时，老师还叫他上台念给全班同学听。

他说，今天回想起来实在很荒谬，立什么大志？做什么大事？如何做得轰轰烈烈？什么具体内容都没有的空洞志向，是不可能完成的。

后来，他在女儿三四岁有表达能力、有想法时，便问她："你长大之后要做什么？"她说："我不当漫画家。"

在女儿的眼中，漫画家就是每天独坐在桌前画漫画，非常无聊。

他再追问女儿："不当漫画家，你想当什么家？"

女儿回答："我要当设计家。"

接着他再往下问："你要设计什么？"

女儿说："很多很多啊！"

他再问："举例说说看。"

女儿理直气壮地说："例如，汉堡为什么要圆的？三明治为什么要三角的？"

哇！创意是最伟大的叛逆，设计就是颠覆过去的传统！只有三四岁的女儿回答的确实是正确的设计理念，也很具体。后来，事实证明他女儿的确很有自己的想法，长大之后她经营幼教也做得很有章法。

蔡志忠建议，很多人没在小时候设定好人生方向，但我们还是可以帮助自己的小孩及早找到人生目标的。在孩子有思考能力之时便开始问他："你将来想当什么？"

小孩通常会胡思乱想，说他想当赛车选手、电玩高手、教育家、服装设计师、漫画家或捉妖道士。蔡志忠笑着说，如果孩子想当道士，父母千万别自以为是，认为念博士一定好过当道士！行行出状元，你怎么知道当道士将来不会成为第二个王重阳、吕洞宾？

这时，父母应该逼问孩子："你要如何当好道士？怎么当？从哪里开始进行？"如果小孩真心想当道士，便会开始注意有关道士的一切。

看电视连续剧一辈子，也不会成为戏剧导演；看漫画书一辈子，只会成为漫画迷，不会成为专业漫画家。光有志愿没有积极的行动是没有用的，父母一定要引导孩子规划人生蓝图，将前途化为明确的目标。

我们确定自己的志向时，千万不要像作文的内容一样——我要立大志，做大事、做一番轰轰烈烈的伟大的事业，然后就没了！立什么大志，做什么大事，如何做得轰轰烈烈都没写。问自己的小孩将来的志向时，要继续逼问他后续过程和细节，他便会仔细观察自己还需要

DREAM

什么条件才能实现自己的志向。

每个孩子都是天才，只是妈妈不知道！每个人都能厉害 100 倍，只是自己不相信！

蔡志忠颇为得意地告诉我："我有两位小孙女，八岁的 SASA 和四岁的 ZIZI。SASA 四岁时立志拿花式溜冰奥运金牌，现在正在自创运动服饰品牌。ZIZI 三岁半立志做 YouTube（视频网站）优质内容的创作者，她定下小小的目标——年收入 100 万美金。进名校收集文凭一点都不重要，及早让孩子自己定下人生目标才重要！"

蔡志忠认为，所谓的"不要输在起跑线上"，不是越级提早上各种才艺班，而是及早选择人生的那把刷子！无论我们学习多少科目，最后也只是拿一把刷子谋生。越早找到自己人生的那把刷子，成就便越高。

开发潜藏的才华

单凭学习成绩，不能衡量孩子能力的高低。

教育必须从培养人的心灵和品性开始，而不只是培养人的知识能力。理想的教育在于发展先天的个性，培养独特见解和首创精神。

从小就要培养幼儿的分析判断能力，激发他们的求知欲，以及对艺术、文学的欣赏能力，使他们成为有造诣的多方面发展的人。

书是作者与读者的心灵桥梁，看一本书，是阅读作者的灵魂。作者写作最大的乐趣，就在于将大脑喋喋不休的话语誊在稿纸上。

在孩子小的时候，讲故事给孩子听，鼓励自己的孩子创作，要他倾听自己的心声，将心中的话写在纸上。或许莎士比亚、巴尔扎克就在你的家中产生。

在我的实践创新教育的经历中，曾经鼓励两位有写作天赋的孩子写作。他们不约而同地在十三岁的年龄出版了人生的第一本书。启发和鼓励一位有画画天赋的孩子创作，小小的年龄就创作出了带有自己风格的画作集。我见证了孩子们的创作过程，这个过程壮丽得像一部史诗，这个创作的过程也给他们带来充分的自信与无尽的快乐。

早期教育最大的优点，是能让孩子及早找到人生的挚爱，然后全然投入沉迷于自己的焦点。培养天才没有快捷方式，要引导他们激发自己的兴趣，发挥自己的才能。

每个小孩都是天才，只是妈妈不知道。
每个小孩都具备天才的条件，只是要及早将他的才华开发出来。

第二章
认识自己

① 思考为一切之先

每个人自出生以来，一定要自问：
我是谁？
我从哪里来？
我要去哪里？

——蔡志忠

脑是人的唯一优势

这个世界对于蔡志忠来讲，好像没有什么事情是困难的。他说，是思考让他与众不同。他告诉我，他不喜欢别人对他说"你跟我们不一样"，他认为那是在替自己找借口！

他说："每个人都可以跟我一样，做自己最拿手、最喜欢的事，心中有梦，完成自己的梦想。但在这之前得先通过思考，改变自己的观念，不要随波逐流。我不是高干小孩，不是富豪第二代，不是常春藤名校毕业生，我的初始条件比任何人都差，唯一不同的就是，我在很早很小的时候便有一颗完成梦想的心，一生朝向自己的人生目标前进。"

人与其他动物相比：
体型不如大象、犀牛。

速度不如花豹、羚羊。

威猛不如狮子、老虎。

耐力不如骆驼、水牛。

体能不如猩猩、狒狒。

人唯一的优势就是有能思考的大脑，所以人应该善用自己的大脑。

每个人都有两只手、两条腿，身体的条件其实每个人相差不大，但每个人的成就却相差很大，最主要的原因就是脑袋里面思考的东西不一样。

人的大脑有十兆神经元与神经突触，据说平常人只使用了百分之十，如果我们使用了百分之二十就能成为超级天才！

每个人都具有成为天才的条件，问题在于你是否有效利用自己的大脑。爱因斯坦说："头发乱不乱没关系，重要的是头发底下的脑袋瓜。人必须经常思考新事物，否则和机器没什么两样。"

《史记》中说："夫运筹策帷帐之中，决胜于千里之外。"思考先于行动，没有方法之前安忍不动，不会使人后悔。

回顾古今中外的厉害角色，他们能出类拔萃的关键是及早选择目标，全力以赴，并善用思考解决一切障碍。

独立思考能力

人人与众不同，每个人都很特别，不应该过平凡的一生。奇特的一生总是起于平淡无奇，但先决条件是自己要有独立思考能力。

卓利对老师维根斯坦说："我读米勒的《逻辑》，起先充满着兴奋，但最后失望了，因为它还是没有教我如何思考。"

维根斯坦回答道："当然，如果你认为有一本书能教你如何思考，这必定是世界上最重要的一本书，但是实际上并不存在。"

思考为一切之先，自己不独立思考判断，就是把自己的脑袋交给别人看管。

思考使我们与众不同

老子曰："不出户知天下，不窥牖见天道，其出弥远，其知弥少，是以圣人不行而知，不见而明，不为而成。"

老子说不出门户，就能够知道天下的事理；不望窗外，就可以知晓自然规律。这么厉害是怎么做到的？靠的就是思考。

当初亨利·福特开发福特 T 型车时，希望价格能便宜到一部车只要几百美金，这样一般老百姓才买得起，如果能达到这种价格，市场便会很大。

他苦思如何提升生产率以降低成本，亨利·福特终于想出了以生产线作业方式装配车子，每 15 分钟便能组装好一部汽车，效率比同业高八倍。而他所想出来的生产线作业方式也成为食品、服饰等不同行业相继模仿的作业典范。

亨利·福特说："思考是世上最艰苦的工作，所以很少有人愿意从事它。你的头脑是你最有用的资产，但如果使用不当，它会是你最大的负债。"

成功人士都有这样的经验，最努力工作的人，最终绝不会富有。如果人想变富，需要的是思考，独立思考而不是盲从他人。富人最大的一项资产就是他们的思考方式与别人不同。如果你做别人做的事，你最终只能拥有别人拥有的东西。

光努力就会有成就，那是一句善意的谎言。只努力是不会有成就的，最重要的是要有方法，你要以思考为一切的前提，所有事情都先运筹帷幄。当大环境改变时，努力完全发挥不了作用，而是要思考，设法

改变自己。

想成功，要先会思考！

只有运筹帷幄，才能决胜于千里之外。

越早思考越好

蔡志忠说："当我还是蛋的时候，我便开始思考了！我三岁半开始思考一生的大事，及早学会思考是人生中最重要的事。为这个人生大问我思考了整整一年：'我是谁？我从哪里来？我要去哪里？'"

常常有人问他："你为什么要画画？"

蔡志忠总是回答道："你为何不去问花为何要开？树为何要长？云为何要飘？水为何要流？时钟为何要走？

"因为花就是爱开，树就是爱长，云就是爱飘，水就是爱流，时钟就是爱走，我就是爱画画。"

蔡志忠说，思考为一切之先，及早学会读书写字，可以引发深层思考。

② 寻找自己

没有目标，才会羡慕别人

说起人生目标的重要性，蔡志忠举了一个形象的例子：

"从前还没有直航的时候，我在中国香港机场转机回中国台北超过五十次。归心似箭的我，一心想回台北，我才懒得理别人要去纽约、伦敦，还是巴黎。

"由于我们没有自己的目标，才会羡慕别人要去夏威夷或是大溪地。

"如果我们清楚地知道自己人生的目的地，才懒得理谁高升当了总裁，或今年赚了多少亿人民币。"

大多数人在世上一辈子都是无所爱，没有人生方向。

只是随遇而安，顺其自然地随着别人的脚步行进。

只有死掉的鱼才随波逐流，活着的鱼总是逆水而游。

成功者，大多是在很小的时候就立定了人生目标。

要清楚自己人生的目的地，要从"自我了解"开始。

人生第一个智慧就是了解自己

有一则故事是这样讲的，有一天拜雅扎正在沉思时，来了一个追随者，他说："我来找拜雅扎。"

拜雅扎说："我也在找拜雅扎，只是已经找了三十年还没找到。"

正确地了解自己，是人生第一个智慧！但了解别人比较简单，了解自己最难。人不知道自己要什么，因此他什么都要，永远怕不够。在一个人精确知道自己要什么之后，其他的便可以完全忽略。

蔡志忠告诉我们：

哲学是智慧之学，是攸关自己一生的大学问。每个人都有自己的人生哲学，每个人一生中都有两个人生大问要找答案——

第一个是：我是谁？我从哪里来？我要去哪里？

第二个是：我们来此一辈子，到底要做什么？

《孙子兵法》中说："知彼知己，百战不殆；不知己而知彼，一胜一负；不知彼不知己，每战必殆。"

《荀子》中说："自知者不怨人，知命者不怨天；怨人者穷，怨天者无志。"

及早评估口袋里的筹码，进行人生大问，问自己"我是谁？我从哪里来？我要去哪里？"才有可能运筹帷幄，决战于千里之外。

自知才会厉害 100 倍

当小船明白自己是一艘小船时，它就会很安逸地在湖面悠游，而不会羡慕大船在海洋洲际间行走。

"因为他是他，我是我。"

如果我是一颗蒲公英，我将自在自得欢愉地享受着生命。

在该开花时开花，该传播种子时传播种子。

我才不理隔壁那棵雄伟的千年大树，因为我是花，他是树；他是他，

我是我，他不是我，我不是他。

蔡志忠说："我认为一个人成为很厉害的人，不是因为努力，而是清楚知道自己要做什么，知道怎么做，知道怎么样把它做好。"

一颗石头学飞翔，必将坠落地面；一颗石头学潜水，只会沉落水底。一个人一生当中最重要的智慧，就是认识自己。

人的境界如同挑战山峰一样，你自认为爬得上去，你便能登上圣母峰。

自知才会让人厉害 100 倍，人生是寻找自己的过程。
超越别人，不算是真正的优越；超越自我，才是真正优秀的人。

我命由我不由天

我们打开门走出去，是知道自己要出去做什么。我们开车上高速公路，是知道目的地。然而，人生这么重要的旅程，竟然 99.99% 的人都不知道自己要去哪里。

一个人来到这世上，应该先做人生的行程规划——
及早想清楚自己要如何过一生！

蔡志忠说："我这一生将老子在《道德经》中所说的'知人者智，自知者明，胜人者有力，自胜者强，知足者富，强行者有志，不失其所者久，死而不亡者寿'都已经做到了！我要尽我所能，把我的毕生智慧传递给大家。"

学会问自己问题

我们要学会问自己问题。

不只是要问："我从哪里来？"

还要问："我要去哪里？"

你是谁？

你怎样对待自己？

现在就开始建立自尊，坦然接受你自己、爱自己。

现在就开始无条件地接受你自己。

及早问自己问题！

也教会你的孩子问自己问题！

"我将来要做什么？"

"要达成目标还需要什么条件？"

自己问得越早，就越容易成功。

问得越早，就能及早做好准备。

自我价值认知

我们是什么就是什么，批评或表扬都改变不了事实。

不要跟别人一样，要走自己的路，发挥自己独特的才能。

听命别人做事，永远不会成为第一高手，自我挑战者才会登峰造极。

令我们跟大家一样平庸的，正是跟别人相同的部分。

令我们比别人厉害的，正是跟别人不同的部分。

学生问智者："人的眼睛是由黑、白两部分所组成的，可是神为什么要让人只能通过黑的部分去看东西？"

智者说："因为人生必须透过黑暗，才能看到光明。"

不要害怕挑战和挫折，清楚地认识自己，使自己成为在黑暗中发光的钻石。

自我期许

英国女星伊丽莎白·赫顿说："你自认为自己几岁，你便是几岁。"

你自认为自己有多美，你便会表现得有多美。

你相信自己有多聪明，你便有多聪明。

只要我们自己不同意，没有人敢说我们是笨蛋！

❸ 保留生命的原欲

蔡志忠对于欲望的做法，令我着实吃了一惊。对于这样一位开悟的禅师，对内心中欲望的看法竟是要放纵内心原欲。他确实也是这样做的，对于自己的所爱，一向都是放纵自己着迷到底。

他说，任内心的原欲达到极点，才能明白什么是自己的最爱！这掷地的一声，给了那些还在刻意管束自己、制约孩子的人们明确的答案，使未来的人生亮起了曙光。从蔡志忠的极致人生中，不难看出，他的观点是对的。

看到我面露疑惑，他随即讲起了自己的故事。

放纵才能放下

回忆过去，这位慈祥的智者总是带着一种满足的笑容。他回忆道，刚开动画公司时，他非常着迷《小蜜蜂》《坦克》《俄罗斯方块》等计算机游戏，常跟员工说他去跟客户谈生意，其实是去电动游戏店玩计算机游戏。那时的蔡志忠太可爱了。后来他觉得这不是办法，于是便买回六台游戏机，公司所有的员工都可以玩，没有人玩得过他，从此便不再疯狂玩计算机游戏。这么好的老板，带着员工一起玩，我想，那时他的员工跟他关系一定很好。

他女儿三四岁时，也很爱玩任天堂的《大金刚》《超级马里奥》，于是，他抱着女儿到台湾最大的顶好电动游戏店，观看第一高手如何过关。女儿学会诀窍后，打《超级马里奥》可以超过100万分，打到天亮也不会结束，失去挑战性之后，女儿就不再迷恋计算机游戏。

我不禁感叹，这真是一位钻石级老爸，太懂人性，太理解孩子了。难怪长大后的女儿说：父亲，是永远的好朋友。

蔡志忠说："放纵内心原欲，任它着迷到极点，才能明白什么是自己的最爱？矫枉过正的真正意思大概就是如此，想了解是否最爱或是否要戒除迷恋，就将它做得矫枉过正，这是我年轻时学会的重要的事。"

教育小孩跟大禹治水一样，疏导胜于防堵。
我们的心朝向什么焦点，我们便成为什么样的人。

为自己所爱的事物疯狂

蔡志忠二十九岁那一年，创办了龙卡通动画公司，同时也开始迷恋桥牌，每天傍晚六点半前后便天人交战，去桥牌社打牌？还是在公司画动画加班？在人生中最忙的1984年，他一边画漫画《大醉侠》《光头神探》，一边拍《乌龙院》动画电影，还天天去打牌，那年还得了中国台湾桥牌正点累积最多的年度正点总冠军。直到后来，他赢得125个桥牌冠、亚军奖杯。

蔡志忠说，立志要高、要远、要大！当你把目标定得高远，哪怕

没达到最终目标也很高大。在某个区域有名，只能在这个区域混饭吃；在全国有名，只能在全国混饭吃；在亚洲有名，只能在亚洲混饭吃；在全球有名，才能在世界混饭吃。这是一个赢家通吃的时代，不做第二，第二名是头号输家。

听从内心的指引

蔡志忠移民温哥华以后，开始研究佛学，1992年，为了画佛经漫画，他到古董市场想买尊佛像做参考，却爱上了古铜佛收藏，开始疯狂收藏镏金铜佛像。当时，只有800多万存款，十几年间他倾尽全力，还卖掉两栋房子，收藏了3520尊镏金铜佛像，成为全世界收藏铜佛数量最多的人。

无限投入，没有底线

研究佛学思想之后，蔡志忠发现自己越来越聪明，就想挑战世上最难的物理，于是他又闭关十年研究物理、数学。发现爱因斯坦狭义相对论里的时间论点是错的，并写出了正确的时间方程式，出版了《东方宇宙四部曲》，记录了十年的物理研究心得。

他说，他喜欢挑战自己的极限，一生无论喜欢什么，他都会放纵自己将喜欢的事情做到极致。

让生命原欲展露

蔡志忠笑眯眯地说："我从小便很易于着迷有意思的事物，对于自己的所爱，我一向都是放纵自己着迷到底，这时才真正知道我是不是真爱所着迷的事物。我喜欢漫画、动画、电影、热门音乐、桥牌、铜佛、哲学、禅宗佛学、物理、数学，尤其喜欢创作。"

他又说："遗憾的是很多人活了一辈子，竟然不知道自己最喜欢什么。因为大多数人都依利益做事，从来没有听从内心的感受去做自己喜欢的事。也因此不知道什么才是自己真正喜欢的事物。"

他在演讲时，常有听众说："其实我小时候也很喜欢画画，只是听从父母的话而念医学院，现在才在当医生。"他会回答："我相信你并没有放纵自己着迷，因此，到今天连你也不是真的知道自己适合当画家，还是当医生。"

大多数的人不了解自己，不知道真爱是什么，乃至于没有自己的焦点。放纵内心的原欲，你才真知道自己喜欢什么。听从内心的指引，走自己的路，何必管别人怎么说？人由于不真切了解自己，乃至不知道自己的一生该走什么路，才像一条死去的鱼随波逐流。当你经历并知晓了自己的原欲，你就会帮助你的孩子尽早找到他最热爱的事情，并投入其中。

那如何找到这些可以让自己无限疯狂投入的事情呢？蔡老师给出了一个切实可行的方法。他建议：

首先拿两张 A4 纸，在第一张纸的左边写上一列你最喜欢的事物，右边写上你最讨厌的事物。第二张纸的左边写上一列你最拿手的事物，右边写上你最不拿手的事物。

然后核对两张 A4 纸左边那两行喜欢的、拿手的事物，从中勾选出你自己的人生目标。以自己最喜欢又最拿手的事物作为人生焦点，完成目标便很简单。

如果你现在已经在上班做事，核对两张 A4 纸右边那两行，如果你所担任的工作刚好是最讨厌的、最不拿手的，那么你便是把自己摆在错的位置上了，你必须及早改行，否则，将会一事无成，只是原地打转混日子。

只有死掉的鱼才随波逐流，活的鱼通常都逆水而游。

人有千万种，别人的模式不见得适合自己。每个人有自己的目标，走自己的路，以自己的方式完成自己的梦想。要想乐于工作，毅力不可能支撑一辈子，除非你真心喜欢。

无限疯狂

直到今天，蔡志忠还一直保持着年轻时疯狂投入的习惯，对自己所关注的事物全力以赴，对于跟自己无关的事物除了概略知道，都予以忽视，而这个习惯也使我深觉获益。

无论我们做什么，能有多大的成果与收获，完全要看我们投入得多深，聚焦得多准。无限疯狂才能拥有最大的聚焦能力，向无限深处投入，让内心的热情继续燃烧，才能抵达成就的临界点。

无限疯狂地投入，我们才知道所投入的对象，自己到底有多爱，更重要的是让热诚燃烧到临界点之后，工作再也不是工作，不需要毅力，没有苦与累这回事，唯有无限的积极和享受。

了解自己的极限

人要敢于尝试新事物，了解自己的极限，随时进行自我挑战，对任何命题进行探底。

很多人在家一条龙，出外一条虫。厉害角色永远在该厉害时完全展现实力，那是因为他的内心信心十足！为什么真正的高手能这么厉害？因为他非常了解自己的实力！如何了解自己的实力？就是平常要探底，了解自己各方面的实力底线。

蔡志忠曾做过无数次速率极限实验，例如：
一天能完成多少天的连载四格幽默漫画——45 天。
完成一张 23 平方厘米的水墨画最快有多快——两分半钟。
坐下来一次能画几张 23 平方厘米的水墨画——34 张。
一年可以画多少张尺寸不同的水墨画——2450 张。
一年可以写多少本书——29 本。

知道自己的能力底线之后便可以非常自信。因为蔡志忠了解过自己的极限，所以对自己的水平了如指掌。

2011 年 10 月 16 日，他要出席清华大学文化创意演讲，现场展厅要替他举办小型画展，他做了一件让旁人心惊胆战的事情——只带了几只笔提前两天到北京，并没有带去提前准备好的需要展出的画稿。这种淡定、自信与霸气，我想任何一个画家都很难做到。再来看可爱的蔡老师，他手中的笔如游龙一般，他只花了一天的时间就画完了所要展出的 39 张画作！这种自在与笃定，让我想起了孔子评价老子的那句话："鸟，吾知其能飞；鱼，吾知其能游；兽，吾知其能走；走者可以为罔，游者可以为纶，飞者可以为矰。至于龙，吾不能知，其乘风云而上天，吾今日见老子，其犹龙邪！"我想说，今见蔡子，其犹龙乎！

战胜敌人只需要一天，战胜自己则需要一辈子。

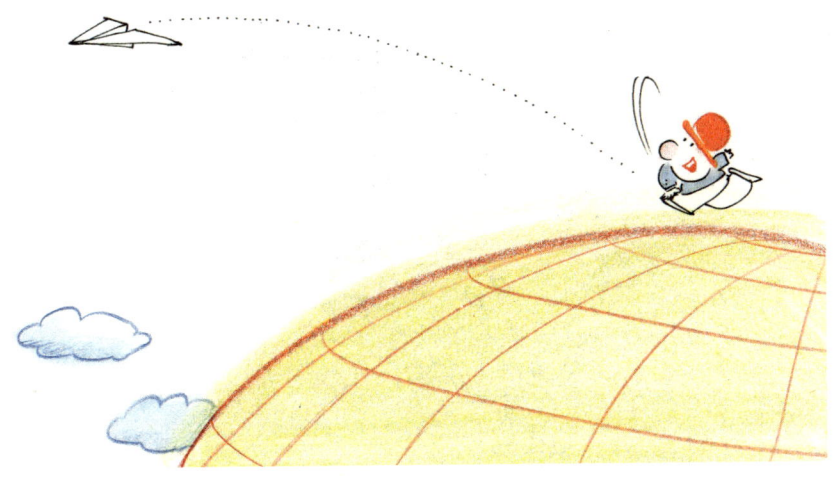

④ 及早找到人生的刷子

及早选择人生之路

提起早立志这个话题，蔡志忠说，他的智商是 184.8，不是来自父母，而是因为三岁半之前就听了 1000 个故事，引发自发性思考才变聪明的，当时思考的就是自己的人生之路。人打从一出生，便已展开了自己的一生，没有所谓的实验阶段，每个人要及早立志，选择自己的人生目标。

在我的教育经验中，一个早立志的孩子在学习和做事方面会更有热情，更坚韧，因为他们明白自己为什么而学，为什么而做。在遇到人生重要的选择时，会更加清晰、笃定和容易，所以也会显得更有力量和自信。由于我在孩子的早教上投入了大量的时间和精力，因此孩子人生起步较早，在六岁时找到人生目标后，就进入了自我管理、自

我负责、自我要求的状态，一直向自己的梦想努力奋进。不仅在学习上没有再让父母操心，还在业余时间做了一些与梦想、目标相关的事情，比如，写书，与同学合作音乐调频，带领少年读书，采访等。作为父母，我们要及早引导和帮助孩子找到他的人生目标，让孩子及早走上为自我生命负责的道路。

哈佛大学曾对一群条件都差不多的年轻人做了一个长期追踪调查。二十五年后，调查对象状况如下：

3%有长远目标的人，二十五年来都不曾更改过目标，并努力不懈，他们都成了社会顶尖人士。

10%有明确目标的人，大都成为社会中上层，如医生、律师、工程师、高级主管。

60%目标模糊的人，都成为社会中下层。

27%没有目标的人，成为社会最底层，过着动荡不安时常抱怨的生活。

想改变处境的人很多，但很少有人将前途化为明确的目标，并为之奋斗不息。每个人应及早立定人生目标，并朝梦想前进。

立志越早，成就越大。

我们成为怎样的人是因为我们有梦想！人通过完成梦想而成就自己。

及早找到人生的刷子

对于生活，我们总要拿一把刷子赚钱吃饭，所以要选好第一把混饭吃的家伙，练就一技之长，并做到极致。任何厉害的人，从小就开始想，这辈子要拿什么刷子混饭吃，及早就把刷子选好。

做自己不喜欢的，就不要加班。做自己最喜欢的，就不叫加班。人生一定是实况转播，没有试验，不能重来。

一个孩子不需要样样都学，要及早选择自己一生的职业。我们先选择自己最拿手的事物，全力以赴。其他相关的，自然会水到渠成。

如果我是迈克尔·乔丹，三岁半时，就该玩起篮球。

如果我是比尔·盖茨，大一时就该休学去创办微软。

如果我是贾伯斯，大一时就该创办苹果计算机公司。

如果我是泰格·伍兹，十个月大时就该拿起球杆。

及早为自己找到一条适合自己的道路，是人生中最迫切的事。

伟大的成功者，都很早便已经选好舞台，及早找到自己人生的那把刷子，展开一生的志业。无论我们学习多少科目，最后也只是拿一把刷子混饭吃。

越早找到自己人生的那把刷子，成就便越高。

选择自己的人生焦点

巴菲特说："哲学家们告诉我们，做我们所喜欢的，然后成功就会随之而来。"

蔡志忠建议，人一定要选择自己最喜欢、最拿手的事，练就一技之长，并把它做到极致。如果你还不知道自己的最爱，请回到自身，用笔写下问自己的问题：

如果你的余生只能有一个选项，你会做什么？

有哪些正面积极的事，是没钱可赚你都想干的？

如果一件事不能赚一分钱你都愿意干，这件事就是你的最爱！

"己立而立人，己达而达人，己度而度人"，作为父母，请你务必自己先做到，再帮助孩子做到！

　　　　人生最重要的是：及早选择人生的目标。
　　　　不要把心神放在与人生目标无关的焦点上。

　　　　人的能力相差 100 倍，
　　　　每个人都可以厉害 100 倍，
　　　　只是自己不相信。
　　　　绝对不要低估自己的实力，
　　　　因为你绝不只是如此而已，
　　　　你的孩子更是如此！

第三章
教育的目的

① 学习不是为了文凭或求新

学习不是为了考 100 分，获取各阶文凭，而是为了一技之长，没有实力支撑的文凭只是一张废纸！

——蔡志忠

　　蔡志忠是个故事大王，他总能用简短又富有哲理的小故事让人体悟出人生的真谛，这也许就是智者的特点之一吧。他有一种神奇的能力，总能轻而易举地驾驭文字，将其变为人们脑中和心中的图像、声音，乃至情绪和能量，让人读后能够更好地展开思考与想象。他平时会用邮件与人沟通，令我印象最深的邮件只有几个字，但是就是这几个字产生的效果，令我终生难忘，现在把这个秘密传给大家。

　　有一次，为了夸赞弟子晋锐把数学公式列对了，他的邮件是这样的："恭喜！全部算对了。鼓掌！啪！啪！啪！（120 分贝。）"大家学会了吗？这就是一位智者对弟子的简单鼓励，就是这简洁的十几个字，让学生终生难忘，如火焰般一直点燃，并加强了学生学习求知的动力！让我们一起看看这位智者眼中的教育。

生而为己

谈到教育，蔡志忠先给我讲了一则故事：

一位学生对犹太拉比说："我要成为马克思第二。"

拉比说："做你自己。"

另一位学生说："我要成为弗洛伊德第二。"

拉比说："做你自己。"

第三位学生对拉比说："我要成为爱因斯坦第二。"

拉比说："做你自己。"

三位学生齐声说："有为者亦若是，成为第二个他们，有什么不对？"

拉比说："你们都要当别人，让谁来当你们？"

故事讲完，他接着说："我们一生下来，就已经是自己了，不是别人的复制品。学习是为了发现自己，成为更好的自己，而不是将大脑交给别人，成为别人思想的容器。你和你的小孩子有责任让自己成为最好的自己！"

学习不是为了考试

　　有很多人简单地认为学习就是为了考试，因为人们普遍认为考试制度能够促进教育的发展，学校以分数的高低来判断孩子的能力，是一件公平的事。

　　但实际上，借用爱因斯坦的话来说："学生为了应付考试，不论正确与否，都把书本内容统统塞进自己的脑袋。这种强制的结果，使我通过最后的考试之后，整整一年对科学问题感到扫兴。"

　　为了考试而学习，只能把小孩变成"高分低能"的人。老师教导学生不应该只是传道解惑，而应该培养学生独立思考的能力，激发他们的潜能。

学习不是为了背答案

　　罗素非常反对填鸭式教育，他说："有一些儿童原本有思考的习惯，而教育的目的在于铲除他们的这种习惯。长大后，许多人宁愿死，也不愿思考，事实上他们也确实至死都没有思考过。"

　　学校注重考试，学生们只好花很长时间用来背书本上有的东西。大脑是用来思考的，把大脑用来记忆是践踏大脑的主要功能。

　　同样地，爱因斯坦演讲时，有听众提问："你如何记下许多东西？

你可记得音速是多少？"

爱因斯坦说："我必须查辞典才能回答音速是多少，我从来不记辞典上已经印着的东西，我的记忆力是用来记书本上没有的东西的。"

文字、数据早已经存在书中或计算机档案里，无论我们有没有读它背它，都不会减损一个字。大脑是用来思考和想象的，把大脑用来记忆，有如让智者去当苦力一样，这是在践踏大脑的功能。

学历不等于成就

蔡志忠告诫我们，当你发现自己站在大多数人那边时，就该想想自己是不是错了。当每个人都以高考考上名校为目标时，就应该先停下来想一想自己是否真的有必要。一个人成功与否，关键在于个人的专业能力，跟文凭学历没有多大关系。学习是为了增进个人的能力，不是为了学历。

他接着说："我不是反对读书，但为考 100
分而去学校上课那是为了文凭努力，不叫作读书。
学习是为了获得才能，而不是考 100 分，没有实
力支撑的文凭只是一张废纸。"

美国诗人惠特曼只受过五年初级教育，做过排字工人，学习过印刷术，编过报纸，当过教师，办过印刷营业所、文具店，经营过房地产。经历过一长串不同的人生阅历后，写出了世界名著《草叶集》，他靠的是终身学习和博览群书。

蔡志忠说："今天的家长们非常重视孩子的文凭，认为没有念本科取得大学文凭，就不能在社会上与别人竞争，无法立足。其实不然，

近五年来已经有三所大学希望我当他们真正的校长、系主任和名誉校长。重要的是要有真正的才学、能力与专业，而不是光凭区区一纸文凭。"

随后，蔡志忠又讲了一个富有哲理的幽默笑话。

有一个男子去找人算命，摸骨大师替他摸完骨后，说："你二十岁谈恋爱，二十五岁结婚，三十岁生子，三十五岁家财万贯，一生大富大贵。"

男子惊道："可是我现在都快四十了，还一无所有啊！"

算命先生问："这些年你在做什么呢？"

男子说："我一直在学校念书，才刚刚念完取得博士学位。"

算命先生叹息道："知识改变命运啊！"

知识的确会改变命运，如果用半辈子生命去换取文凭，极可能是负面的改变。成功不一定要先念完本科或研究生，学历与成就并不成正比，学历高可能有成就，成就高不一定要有高学历。

一个人只要以自己的一技之长登上世界顶峰，其他相关的文化水平自然也会水到渠成。例如，宫本武藏原本只是个蛮横的乡下村夫，他一心只想打败日本厉害的剑客，在他达成目标成为日本第一剑客之后，自己也从征战中体会出作战兵法，写出一本兵法《五轮书》。网球女选手李娜、谢淑薇、詹咏然等人从小便执球拍到世界各处征战了，当她们赢得冠军时，以流利的英语、法语致辞，并不输给大学外文系的本科高才生。

高学历不等于高收入

求学不是为了文凭，学习不是为了应付考试，而是为了增强自己的能力。实力才重要，文凭只能支撑到求职面试的那一天。

做生意要懂得数学，探求生命的意义要懂得哲学，掉到水中要懂得游水。高学历不等于高收入、高成就。没有实力支撑的文凭，只是一张废纸。读书而不善用知识，只是背书的驴子。

在这个教学以高考成绩为目标的功利时代，要使自己更优秀不能只靠学校、只靠老师，得靠自己。每个人都可以比老师优秀，能青出于蓝而胜于蓝！

人人生而不同，人人条件不同，面对相同情况时，处理的方法也不同，选择的人生之路也不同。

人人都挤向高考窄门不叫有志，而是没有自己主见的随波逐流。与其期盼到险恶的红海跟别人比输赢，不如及早选定属于自己的人生蓝海。

蔡志忠语重心长地说："希望有缘人细心听我所说的人生之道，抛弃旧有的观念，倾听自己内心的呐喊，点燃心中的黎明。那么，你和孩子便可以重新塑造一个崭新的自己，开创人生大道。"愿这来自智者的谆谆教导，使你精神升华，令你茅塞顿开。

学习不是为了文凭

蔡志忠说，别过度重视学校成绩，绝大多数家长都重视孩子的文凭，生怕没文凭将来在社会上很难有所发展。其实历史上很多伟大人物根本没有完成学业。例如，爱迪生只在小学上过三个月，范德比尔特、洛克菲勒、卡耐基、阿加莎·克里斯蒂等人都没在学校读过几年书。

人生之路不止一条，不一定非要读好大学，每个人成长之路不一样。学校的长远目标是鼓励学生把人性的光辉散发出来，这才是好学校。

时代变化很快，机会不会永远等着我们。当我们念完整套课程，或许也早已失去了外在的机运和内在的勇气与信心。

在求学过程中，有自己的目标就应立刻进行。虽然文化很重要，但舍我其谁、勇往直前的那股必胜的信心比文化更重要！

蔡志忠很早就下定决心："只要有机会成为职业漫画家，我便立刻放弃学业去画漫画。"现在蔡志忠取得的成就众所皆知。

学习不是为了收集一堆文凭回来，而是为了通过学习去发现自己的才能，找到自己的人生目标。人生不只是语文、英语、数学、历史、地理。学习不是为了考100分，而是通过学习知识找到自己的人生智慧。

蔡志忠笑着说："当初结婚时，记得丈人说：'把女儿嫁给蔡志忠，不怕将来没饭吃，因为他有一技之长。'丈人的话说得一点也没错。我小时候便选择以漫画作为一生的志业，从十五岁成为职业漫画家到今天，画了整整五十多年。这期间，经历了中东战争、石油危机、1997年亚洲金融风暴、2007年全球金融危机，很多人失业或停薪留职，但我则完全不受世局的影响，因为我有一技之长，不因为全球经济起伏而改变个人的收入。人生在世必须要有谋生能力，以养活自己和家人。然而大多数人长大之后，终其一生都是以一把刷子混饭吃，为何我们从小要同时掌握十把刷子？学习语文、数学、历史、地理、物理、化学、生物、音乐、体育，或许是为了发现每个学生的潜能，但连续学十二年跟将来所做的行业无关的课程，岂不是对青春的一大浪费？"

学习不是为了求新

夏克尔说："一个人向老师学习，是为了发现自己原先不知道的东西。但老师的存在，是为了让学生去实行历练，而不是用新东西去娱人。"

学生说："是的，老师。"

夏克尔说："人为了改善自己，总是去追求一些对自己无用的新东西。"

学生说："是的，老师。"

夏克尔说："寻求刺激的人总是被新奇神秘的事物所吸引，真正向学的人会发现处处都有可以学的东西。"

教育的目的在于激发孩子的潜能，因材施教，及早帮助孩子走在正确的道路上。

学习不是为了考100分，收集一堆文凭，而是为了发现自己。要拥有一技之长，成为社会中坚力量，所以要专注某一样专业。

谁会在意勇士队的库里会不会解析几何？谁又会在乎湖人队的詹姆斯会不会中文？我们在意的是库里与詹姆斯谁能赢得NBA总冠军！

及早为自己找到一条适合自己的道路是学子最重要的事。

❷ 知道不知道才是真知

了解自己，是人生第一智慧。

知道自己不知道，是人生第二智慧。

就像这则故事里说的那样：

学生问拉比："什么是世界上最小的物质？"

拉比说："抱歉，我不知道。"

学生问："世界上什么东西最长？"

拉比说："抱歉，这我也不知道。"

学生问："世界是由什么构成的？"

拉比说："抱歉，这我实在不知道。"

学生失望地说："唉！今天什么都没学到。"

拉比说："不不不！你今天学到了非常重要的一课。"

学生问："我学到了什么？"

拉比说："你学到了不知道时，要说不知道！"

两千多年前，孔子对子路说："子路呀！我教你的你都知道了吗？知道就说知道，不知道就说不知道，这才是真知啊！"

蔡志忠说："隔行如隔山，很多失败来自跨行涉足误以为自己很懂的行业！"

❸ 自发性学习：依靠自己

求人不如求己

佛印禅师与苏东坡同游杭州灵隐寺，来到观世音菩萨像前，佛印禅师合掌礼拜。

苏东坡问佛印禅师："我们求观世音菩萨，为何他也挂着一串念珠？观世音菩萨在求谁？"

佛印禅师说："求观世音菩萨啊。"

苏东坡反问："观世音菩萨求观世音菩萨？"

佛印禅师说："他比我们还清楚，求人不如求己。"

蔡志忠说："我小学三年级时就知道，不能跟老师学，跟老师学一定没有活路。因为老师不但书看得比我少，而且什么都不会。"

他怎么悟出的这个道理呢？他回忆道：

有一天老师上完数学课后，有感而发地对全班同学说："学问就是要学，要问！课堂上不懂，上课时问；课外问题不懂，下课后问。"

下课后，老师刚走出教室门口，小蔡志忠就急着问老师："老师，老师，为何玩水玩久了，手指的皮肤会很皱？"

老师说："老师明天再告诉你。"

他又问："老师，米缸里的米虫是如何从白米中平白生出来的？"

老师说："老师明天再告诉你。"

很明显老师家里的图书资料不够丰富，蔡志忠问了很多问题，第二天老师并没有告诉他答案。而且一个问题也经不起一再深入追问，如果真的能追根究底直到最终真理，那么，老师便可以拿到诺贝尔物理学奖了。

例如，每个小孩都曾看过筷子放进水杯中，看起来会弯曲，但少有人拿这个问题去问老师。

当时的小蔡志忠问老师："老师，老师，为何筷子放进水中会弯曲呢？"

老师说："因为光的折射，使筷子看起来弯曲了。"

他继续追问："为何光会产生折射？"

老师说："因为光在空气中的运动速度比较快，在水中的速度比较慢。"

他继续问："为何光在空气中运动速度比较快，在水中速度比较慢？"

老师说："老师明天再告诉你。"

在蔡志忠问了老师很多有关于人生，或是宇宙、物理、时间等问题之后，有一天他从教室走出来，老师刚好也从教师休息室走出来，一看到他，便立刻转进保健室。从此他便不敢再问老师了，因为老师还欠他二十三个问题没有回答。从老师身上，蔡志忠认清一个事实："老师不是万能的，除了课本之外，他知道的事物并没有比我多多少，而且他所能回答的，也只是回家从书中找答案而已。"

但蔡志忠强调说："老师只教导了我一件事，就是不知道时说不知道。"从此他便养成一个好习惯：自己的问题，自己找答案。

例如，玩水玩久了，为何手指的皮肤会很皱？

正确的答案是：因为皮肤长时间浸泡在水中，皮肤的表面积会扩张。

而老师也为蔡志忠做了一个很好的示范：不知道就说不知道，不会跟学生瞎掰，也没有找借口。

蔡志忠说："人要依靠自己，再亲密的人际关系，也没有人会长期支持我们，求任何人都不如求自己。"

学习才能实现自我跃升

不同的自发性学习，使我们与众不同、出类拔萃。全世界每年阅读书籍数量排名第一的是犹太人，平均每人一年读书 64 本。

自诺贝尔奖设立以来，犹太人共拿走了 20% 的化学奖、25% 的物理奖、27% 的生理与医学奖、41% 的经济学奖、12% 的诺贝尔文学奖。同时，还拿到了 1/3 以上的普利策奖、1/3 以上的奥斯卡奖。而全球的犹太人只约占世界人口的 0.3%。

为何犹太人这么优秀？因为他们读书、思考，用行动将梦想落实！

在我的教学实践中，最重要的一件事情，就是教会孩子们自发性学习和掌握自我学习的能力，让他们明白终身学习的重要性和意义。

学习的要领是：及早掌握自我学习的能力！
自发性学习，功效强 100 倍！

自我学习才学得又多又快，要使学习变成一种本能。

胜人者有力，自胜者强

一位导师带着他的学生们到森林里，这时他看见一个独觉者正想涉过一片沼泽。于是导师便对着他大喊："你要小心啊！别走错了，踩进沼泽会沉下去啊。"

那独觉者回头大喊："嘿！你才应该小心啊！我走错路，沉下去的只是我一人。如果你走错了，沉下去的还有一大群追随你的学生。"

天下有错误的课本，有教学不正确的老师。例如，亚里士多德的错误物理学，被当作真理在学校教了一千多年，燃素、以太的错误理论也在神圣的教室里流传了近百年。

我们每一个人都要像独觉者一样不盲从他人，勇于自我学习。

蔡志忠说，要感谢父亲从小让他养成独立思考、独立判断的好习惯。一切事实必定等到自己亲自证实后才信以为真，而这也是他后来闭关十年研究物理的准则，这也是佛陀追寻真理的观念。

两千多年前，佛陀对卡拉玛人说：

卡拉玛人啊！

不要因为口耳相传，就信以为真。

不要因为合乎传统，就信以为真。

不要因为轰动一时流行广远，就信以为真。

不要因为出自圣典，就信以为真。

不要因为合乎逻辑，就信以为真。

不要因为根据哲理，就信以为真。

不要因为符合常识推理，就信以为真。

不要因为合于自己的见解，就信以为真。

不要因为演说者的威信，就信以为真。

不要因为他是你的导师，就信以为真。

佛陀又说：

比丘们啊！你们听别人说法，要将所听到的像火试验金一样地去亲自证实，听到而没经过亲自证实就相信的叫作迷信，经过自己证实之后才相信的叫作正信。

蔡志忠的物理研究出版了四本书，其中，《东方宇宙》这本书的扉页上他写着：

仅以此书献给我的父亲：蔡长

小时候蔡志忠常常听父亲对别人说："报纸乱写，历史乱写，教科书乱写。"

他不知道是不是父亲乱讲，胡乱批评。

但另一方面，他也不知道报纸、历史、教科书是否真的乱写。

从此他看到任何白纸黑字的事物，不会立刻认为是真理，只会说："我曾经在报纸、历史、课本上看过有这么个说法。"

一切事实必定等到自己亲自证实以后才信以为真，而这也使他从小便养成独立思考、独立判断的好习惯。

孟子说："尽信书，则不如无书。"

蔡志忠的父亲活在艰困的年代，没有更好的出路，无法以最喜欢的书法作为自己的职业。他一生安于贫穷，对人生的体悟有如他自己所写的一篇书法：

天下有二难：登天难，求人更难。

有二苦：黄连苦，贫穷更苦。

人间有二薄：春冰薄，人情更薄。

有二险：江湖险，人心更险。

克其难，安其苦，耐其薄，测其险，可以处世矣。

父亲的这些人生体悟，也让蔡志忠从小就明白了靠自己的重要性。

蔡志忠画漫画成名之后，每每有村人告诉父亲："在电视上看到你儿子又获奖了。"

年近花甲的蔡志忠说，他知道父亲当时听了心里当然很高兴，不过父亲替他高兴的是，儿子能以自己最喜欢、最拿手的漫画作为一生的职业，这是他终生无法办到的最大遗憾。儿子代替他完成了梦想，最令父亲感到欣慰。

④ 《礼记》对老师的要求

亿年前，蜘蛛一生下来便会吐丝、织网，而人类生下来时只会哭！

亿年后，蜘蛛一生下来还是只会吐丝、织网，而人类的小孩通过学习，可以成为哲学家、物理学家、工程师、教师、作家、漫画家。

正确的教育

毕加索说："每个孩子都是天生艺术家，问题是长大之后，如何继续保持它。"

小明第一天上学，学校离家很近，老师说："今天我们来画画。"

小明说："好啊！我爱画画，喜欢画画，我要画小猫、小狗、小兔子。"

老师说："不行，今天我们画花。"

于是老师在黑板上画了一朵红色的花，绿色的叶子。

小明只好跟全班同学一样学老师画画，画一朵绿叶子的红花。

第二堂课，老师说："这堂课，我们用黏土做东西。"

小明说："好啊！我喜欢用黏土做东西，我要做小猫、小狗、小兔子。"

老师说："不行，今天我们做盘子。"

小明只好跟老师学做盘子，同学们也全都做圆圆的盘子。

后来小明搬家了，学校离家很远。

第一堂课，老师说："今天我们来画画。"

小明说："老师，我们画花吗？"

老师说："你们爱画什么就画什么，随你们自由发挥。"

于是小明很高兴地画小猫、画小狗、画小兔子，画个没完。

第二堂课，老师说："这堂课，我们用黏土做东西。"

小明说："老师，我们做盘子吗？"

老师说："你们爱做什么就做什么，随你们高兴。"

小明很高兴地说："好极了！"

于是他用黏土做小猫、小狗、小兔子，做个不停。

小明说："我喜欢新学校，虽然离家比较远。"

英国哲学家赫伯特·斯宾塞说："孩子在快乐的状态下学习最有效。我们要拿捏好教育，千万别破坏了孩子对学习的兴趣。"

刚生下来，每个婴儿本身条件都相差不大，然而通过学习、思考、选择，每个人变得很不同。

很少有人一生下来就会，所以大家都知道学习很重要。我们要教导孩子，让他知道学习的好处，学习可以改变人生，使自己成为不一样的人。

经师易遇，人师难求，明师罕见

苏菲临死前对三个弟子说："我留下十七只骆驼给你们，大弟子分得一半，二弟子分得三分之一，三弟子分得九分之一。谁能正确分好这十七只骆驼，谁就是你们的导师。"

师父去世后，弟子们到处参访智者，询问谁能正确地分十七只骆驼。

"遗嘱不能执行，应该作废。"

"师父要你们一起养，三个弟子住在一起。"

"把它们卖了，再按比例分钱。"

但三位弟子知道老师的遗言一定内含某种智慧，最后来到哈扎特阿里门前。哈扎特说："我先借你们一只骆驼，那么现在共有十八只骆驼。大弟子得一半，是九只；二弟子得三分之一，是六只；三弟子得九分之一，是两只。"

哈扎特说："9＋6＋2=17，十七只骆驼。"

三位弟子说："还剩下一只骆驼啊。"

哈扎特说："剩下一只骆驼是开始我借你们的，该归还给我。"

三位弟子说："哇！完美了。"

于是，三位弟子找到的最有智慧的人成为他们的导师。

世界上有智慧的好老师还是有的，只是很稀少。经师易遇，人师难求，明师更是罕见。人幸遇良师，开始学会思考，学会从其他角度去看问题，学会看世界，学会认识自己。因此，要非常尊敬老师，真正的老师有如再生父母。

中国向来很注重孝道，但大多数人都误以为孝就是孝顺父母。《论语》中有一篇跟孝有关的问答。

子夏问孔子："老师，什么是孝？"

孔子说："孝道难于长期保持和颜悦色。有事弟子服其劳，有酒食先生馔；这样就是孝吧？"有道是"一日为师，终身为父"。孝不只是孝顺父母，还包括老师，老师教我们知识的恩德情同父母，学生应该像尊敬父母一样尊敬老师。

古今中外，老师都知道自己责任重大，一个普通人走错了，只会害苦了自己。如果老师走错了，会害死追随他的一大群学生，错误的教学很可能害了学生的一辈子。

蔡志忠说，老师背功课的填鸭式教育，会让学生失去思维想象能力。于是，他给我讲了"十堆铜板问题"的故事。

有一位在腾讯上班的朋友知道他数学很不错，问蔡志忠："有一个数学问题，我小学时便知道答案，直到高三我才弄懂答案为什么是这样。"

他问朋友："什么数学问题？"

朋友说："有 1000 个铜板，任你摆成十堆，然后不准再动了，从 1~1000 中的任意数都能指出是由这十堆的哪几堆所构成的，请问这十堆该怎么摆？"

他说："这是个好的数学问题，真有答案吗？"

朋友说:"我怎么敢骗你?绝对有答案。"

蔡志忠说:"好,我来想一下这个问题,如果一楼是无知,二楼是真理,从无知到真理之间有十个阶梯需要克服。"

朋友说:"嗯,确实是这样。"

他说:"我思考问题,一向先把自己当成一个无知的孩子,然后在无知的基础上找到第一个正确答案,在第一个正确答案的基础上找到第二个正确答案,在第二个正确答案的基础上找到第三个正确答案,然后四、五、六、七、八、九、十,走进第十阶的真理。"

朋友笑道:"好,你说说看这十堆该怎么摆?"

蔡志忠笑着说:"总要有一堆是 1 吧?你要我拿 1,我都拿不出来了,其他更大的数就别提了。"

他又说:"总要有一堆是 2 吧?你要我拿 2 我都拿不出来,更何况其他的数。"

他说:"有 1、2 就不需要 3,总要有一堆是 4 吧?你要我拿 4 我都拿不出来,其他的数更别提了。"

他说:"有 1、2、4 就不需要 5、6、7,总要有一堆是 8 吧?你要我拿 8 我也拿不出来,更何况其他的数。"

他说:"任意摆十堆的答案不是出来了吗?十堆是 1、2、4、8、16、32、64、128、256,这九堆相加是 511,第十堆是 489。"

两分钟破解十堆铜板问题,朋友哑口无言。

后来,蔡志忠用这一问题考一位留美数学天才,他思考二十分钟之后说:"我知道跟 2^{10} 有关,只是不明白 2^{10} 是 1024,不是 1000。"

蔡志忠说,他知道这位数学天才从一生所学的数学数据库中搜寻跟 10 和 1000 有关的数学公式,得到 2^{10}=1024 这个资料。

他又用这一问题考留学英国剑桥大学的中研院物理博士,他听完问题，稍加思考，随即跟餐厅服务员要了一张 A4 纸，在纸上写了十个非常深奥的数学公式，对着 A4 纸埋头苦思了五六分钟。

他笑着跟这位物理博士说："如果你想从过去自己所学的高等数学公式中找答案，让你再活三辈子也找不到答案。"

后来，他又拿这个问题考验他的弟子晋锐，没想到这个没有接受过数学高等教育的十四岁小孩，思考了五分钟就给出了正确的答案。

蔡志忠说，通过这个十堆铜板问题，他发现在学校学习得越多，越丧失了纯洁的思考能力，只能从过去所学中去搜索有没有刚好可以解决的答案。所以，一个人学得越多，需要搜寻的数据库越大，越找不到答案！其实，学习是要培养独立思考能力，而不是为了换取文凭，或只是把知识填鸭式地装进脑袋瓜里，成为考满分的考试机器。

1000 个铜板摆十堆的数学问题的正确答案很简单，十堆铜板分别为：

第 1 堆：$2^0=1$

第 2 堆：$2^1=2$

第 3 堆：$2^2=4$

第 4 堆：$2^3=8$

第 5 堆：$2^4=16$

第 6 堆：$2^5=32$

第 7 堆：$2^6=64$

第 8 堆：$2^7=128$

第 9 堆：$2^8=256$

第 10 堆：$1000-511=489$

《礼记》对老师的要求

两千多年前，《礼记·学记》篇说："君子既知教之所由兴，又知教之所由废，然后可以为人师也……故君子之教，喻也。道而弗牵，强而弗抑，开而弗达……道而弗牵则和，强而弗抑则易，开而弗达则思。和易以思，可谓善喻也。"

如果一个君子已经知道教育成功的原因，又知道教育失败的原因，那么他便可以为人师表了。

君子引导学生的方法应该是：只是加以引导，而不是强迫服从；对待学生严格，而不是抑制发展；只是启发学生，而不示之以答案。

引导而不强迫，则师生关系和谐；教学严格而不抑制，则学生能自由发挥；启发学生而不示之以答案，则引发学生思考。

师生关系和谐，学生能自由发展，老师能引发学生思考，这可称之为最善于引导学生的了！

很遗憾，两千多年后的今天，我们的教育距离《礼记·学记》篇所要求的竟然差这么远。今天学生们上学读书受教育，像是为了应付考试、成绩和文凭。

教育的目的在于启发学生独立思考，引导学生找到天赋，而不抑制发展。

如果老师的教学无法做到《礼记》中对老师的要求——加以引导，而不强迫学生服从；教学严格，而不抑制学生发展；启发学生，而不示之以答案——我们则要自己教导孩子做到与人关系和谐，发展自己，自我思考。

❺ 向世间的一切学习

跟自然学习

讲一则关于佛陀的故事。有一天，佛陀带弟子们经过一片森林。佛陀从地上捡起一片叶子，回头问弟子们："弟子们啊！你们说是我手上的叶子多呢？还是整个树林的叶子多呢？"弟子们回答道："老师！你手上只有一片叶子，如何能跟整个树林所有叶子相比呢？"佛陀说："是的！我手上只有一片叶子，不能跟整个树林有如恒河沙的叶子相比。我所能教你们的也如同我手上的一片叶子一样，而世间能让你们学习的如同整个树林的叶子一样多。"

学习不只是在学校跟老师学，还要跟全世界过去、现在的任何人学习。例如，学画时，老师所教的只是佛陀手上的那片叶子，由过去到现在整个美术史中的所有画家，才是整片树林的全部叶子。

真理并不存在于经典文字里，真理隐藏在生活的周遭里，我们不可能从别人手中取得真理，除非我们亲身体会。

向全世界学习

蔡志忠从自己的经历出发，谈起了他向全世界学习的经验。他说，刚到台北画漫画时，他只会画古装武侠漫画，不擅长画卡通动物、现代人物和高楼大厦。

当时，他经常到牯岭街旧书摊买书，发现香港出版的《儿童乐园》

每期都有两三个单元是由外国绘本改编的漫画，于是他开始收集《儿童乐园》，学习世界绘本大师们的画风。

后来，他才有能力画出《大醉侠》《肥龙过江》《光头神探》《庄子说》《老子说》《佛陀说》《心经》《猫科宣言》等二十多种风格的作品。

他说："无论任何领域，手艺的进步来自眼界，作者视野开阔才能画出一流作品。我始终相信，学习要向全世界学，如果我们看尽了全世界所有一流画家所画的作品，自己就不可能画出没有水平的作品。"

❻ 要让自己成为专业人士

使自己成为某一领域专业人士

学生对夏克尔说："我会弹三弦琴，作曲，下棋，射箭，骑大象。"

夏克尔说："嗯，的确多才多艺。但多才多艺等于一无是处。"

学生说："为什么老师会这样认为？"

夏克尔对学生说："学习一项技能，要设法使自己成为世界第一。什么都学，什么都会，表示什么都不精。"

样样都行的人，绝不会是顶尖高手。

多才多艺等于一无是处，没有一样行。

蔡志忠强调：不要多才多艺，要成为专业人士。

六门科目都考 99，只能当别人的幕僚。要有一科领先全世界，才能出类拔萃！

明确目标就好像弓箭需要靶，射箭需要一个靶子固定目标。

别理会有 100 万种事物输给 100 万个人，我们要在意的是：自己有哪项可以赢过全世界！凡事最重要的是看结局，结局好，一切都好。

如果一个人天天到赌城赌钱，有时输有时赢，那么他只是个有赌瘾的赌棍。

如果一个人每天到赌城赌德州扑克，每赌必赢，每天都赢得一大笔钱，那么他是去职场工作赚钱的。

蔡志忠说："我很喜欢打桥牌，到目前为止共赢得 125 个大大小小的冠、亚军奖杯。为什么桥牌能带给我很大的乐趣？因为我的桥技不错经常赢！如果老是在牌桌上被修理，还有什么乐趣可言？"

任何领域都可以达到艺术境界，只看你专业到什么程度。及早使自己有一技之长，达到该领域的艺术境界，即使是打电玩也要成为厉害的高手。如果你打得一般般，那是在玩！如果你成为世界第一，那便是你扬名立万、闯天下的饭碗。成为专业人士依靠的不是学习，而是狂热到无法自拔的兴趣。

大多数人不知道自己要什么，只怕取得的太少而遗落了什么，因此什么都想要。真正知道自己要什么的人则刚好相反，纵算弱水三千，只取孤瓢一饮。他们只盯住自己早已选定的目标，而舍弃其他的。

第四章

观念决定命运

←未来

←过去

❶ 观念是用来打破的

没有效益的努力是没有用的

一个人的成就受很多因素影响：天赋、努力、学历、机运、家世、外貌，等等。

但蔡志忠认为其中最重要的一点是：要有创新、有与众不同的正确观念！

一个持有正确观念的人，可以只花很短的时间就轻易获得别人达不到的成就。因为观念比努力重要！

当大环境改变时，努力完全发挥不了作用，而是要思考，设法改变自己。思考必须先于行动，就像身体听命于大脑的指挥一样。

蔡志忠指出，从小常听父母、师长说："努力，努力，努力就会有成就。"其实这只是一句善意的谎言，如果一味努力便会有成就，那么大多数人岂不是都抵达巅峰了？

努力只比不努力好一点而已，任何人无论做什么，一开始没有不努力的！为何后来不继续努力了呢？因为只凭努力没有得到预期的效果。

人生像走阶梯，每一阶有每一阶的难点，学英语、日语、数学、物理，各有难点，追女朋友与创业的难点也不一样。没有克服难点，再怎么努力也只是在原地跳跃而已，没有进展。努力不等于效率，努力之前要先思考，要有方法，才能抵达目的地。

观念是用来打破的

学生问智者："如何使自己更聪明？"

智者给学生一颗鸡蛋，说："你设法将鸡蛋立在桌上。"

学生试了很多次，都无法将鸡蛋立在桌上。

智者拿起鸡蛋往桌子上敲了一下，鸡蛋一端破了，便稳稳地立在了桌上。

学生说："蛋壳破了，当然能立在桌上。"

智者说："对的，我没说蛋壳不能打破，突破观念，才能使自己更聪明。"

开悟，就是观念的改变

空空尊者从怀里拿出三颗水蜜桃，对小蚱蜢说："你吃一颗水蜜桃。"

小蚱蜢吃了一颗水蜜桃，然后擦擦嘴，说："味道还行！"

尊者说："到广场跑三圈。"

小蚱蜢说："行！"

小蚱蜢跑三圈又回来。尊者说："现在再吃一颗水蜜桃。"

小蚱蜢吃了第二颗水蜜桃，说："美味极啦！"

尊者说："再围绕天王殿广场跑二十圈。"

小蚱蜢说："行！"

小蚱蜢又跑了二十圈，跑回来已经满身大汗。

尊者说："现在吃最后一颗水蜜桃。"

小蚱蜢吃了最后一颗水蜜桃，说："味道香甜，又多汁！"

尊者说："三颗一样的水蜜桃，吃出三种不一样的味道，不同的是我们的心，而不是水蜜桃。"

打开门最有效的方法，是手上有开门的钥匙。

成功的关键是观念的改变。

从前的老旧观念，无法开创新局面。

没有改变观念的努力，效果很有限。

人生不依靠努力，应该怎么做？

人生要改变观念，才能开创海阔天空的新局面。

古人说：

一个人的智慧胜过飞禽，就可以捉得飞禽。

智慧胜过野兽，就可以猎得野兽。

智慧胜过别人，就可以使得别人信服。

努力提升不了智慧，观念改变才是顿悟！

顿悟，就是视野、心态180度改变。

什么是开悟？

开悟，就是观念的改变！

人生有如两颗橘子，一颗大而酸，一颗小而甜。

开悟之前，拿到大的就抱怨橘子酸，拿到甜的就抱怨橘子小。

开悟之后，拿到酸的就感谢橘子大，拿到小的就感谢橘子甜。

观念变了，一切都变了。

改变自己

水从高山冲下，经过急流到绿洲，过不了沙漠。

水再一次冲下，经过急流到绿洲，又越不过沙漠。

水在沙漠面前哭着说："沙漠是水的宿命，水永远越不过沙漠。"

这时，风对水说："你可以不只是水，你可以化成水蒸气，升上天空变成云朵。再通过我的帮忙，把你吹过沙漠，你便可以变成雨降落地面，这不就越过了沙漠？"

如果我们抱守着"我"，便无法面对不同际遇。水自认为自己是水，便无法横越沙漠。水可以变化为水蒸气，变化为云、雨，能随不同际遇变化，沙漠便不是阻碍了。

别固执于自我，我们不只是自以为的那个自己。忘却自我便没有不能超越的障碍，无我才能抵达目标。

由於白天太過吵雜，不適合動腦創作⋯

立体思考

思考是有维度的，一般人通常是线性思考，由一点展开，将线拉长⋯⋯这个方法难以发现出人意表的绝世密境。应该以 360 度的视野来看问题，以立体思维方式来突破困境。

蔡志忠举例：

上创意思考课时，老师给学生 6 根筷子，然后说："设法用这 6 根筷子摆出 4 个等边三角形，边长各为一根筷子。"

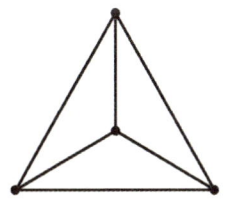

五分钟后，学生说："老师，我只能用 5 根筷子摆出两个等边三角形，无法用 6 根筷子摆出 4 个等边三角形。"

老师说："6 根筷子不但能摆出 4 个等边三角形，内部还包含了一个正三角体。我摆给你看！"

于是，老师先用 3 根筷子在桌上摆了一个三角形，再像搭建帐篷一样，将 3 根筷子架在上面，成为四面都是三角形的正三角体。

蔡志忠强调：观念的突破比学问重要，当平面思维无法突破时，必须以立体思考方式才能解决问题。

❷ 不同的观念造就不同的命运

失败是一种习惯

《塔木德》中说："一个人小时候贫穷是好事，如果到了四十岁还贫穷就不好了，因为他已经习惯了。"

贫穷是一种习惯，失败也是一种习惯。

生物学家亚历山大发现：一只蟋蟀如果在最近多次搏斗中获胜，就会变得更有攻击性。一只最近连遭败绩的蟋蟀，就会变得更软弱。

亚历山大用模型蟋蟀痛击经常打胜仗的蟋蟀，蟋蟀吃足苦头之后，再跟其他蟋蟀搏斗时大多失败。

习惯赢就越容易赢，习惯失败就越容易失败。

所以说失败不是成功之母，失败一次或许还好，失败多了就习惯了。

正确的观念是成功的第一步！

一样米养出百种人，人人思想不同、行为模式不同、价值观不同。因为人人有不同的观念，人看待事物所站的立场不同，观点不同，所看到的情境也不同。

人生有如在山上观看景物：

在山脚下，每个人依自己所站的位置，看到的景色都不相同。

当大家爬到半山腰时，每个人所看到的有一部分不同，有一部分相同。等到大家都爬到山顶之后，所有的人都会看到完全相同的景色。

我们的境界高度，决定了自己所看的广度！
当我们还只停留在山脚下时，会因为不同际遇而迷茫不知所措。

通过修行、觉悟，慢慢地对人生体验有了正确认知之后，我们会发现：
"其实过去、现在、未来的所有圣贤、智者、觉悟者所讲的正道都一样！"

美国哲学家弗洛姆说："每个人都生自父母，但每个人都要使自己再重生一次！"

种一棵树最好的时间是十年前，其次是现在。既然如此，我们作为父母，最明智的做法是从现在开始与孩子一起成长，开阔视野，改变观念，一切都不晚。永远记住：每个人都可以厉害100倍，只是自己不相信。关键是要使自己相信，自己和孩子都可以厉害100倍！

蔡志忠谈起自己"赢"的经验时说："我很小就开始思考，从小就不太相信白纸黑字，因此我的观念与大多数人有很大的不同。例如，很多人都认为漫画的题材无非是幽默、讽刺、故事剧情漫画或政治漫画。我从来都认为，漫画只是一种表达手法，一种语言。就像文字可以写诗歌、散文、小说或长篇论文一样，并没有谁硬性规定文字只能写特定的东西。'漫'就是漫无边际，漫画可以画任何有意思的题材，可以通过漫画画任何东西。所以三十年前，我才会选择画中国诸子百家。不跟别人在漫画红海比画工与技巧，而是找到自己宽阔的蓝海。

"我个人很喜欢老庄哲学，对禅宗佛学也充满兴趣，于是我在最正确的时机，选择以东方智慧作为我的漫画题材，果不其然，这套书获得了全世界的欢迎。"

改变一个人，最有效的方法莫过于改变其观念。

努力和毅力只是一时，观念的改变才是一生一世。

③ 点燃心中的光

点燃心中的太阳

1965 年诺贝尔物理学奖得主理查德·费曼曾经说："每个小孩都会问妈妈，为什么风会吹？云会飘？水会流？彩虹有七种颜色？"

妈妈总是回答道："这些问题等你长大上学之后，老师会回答你。"

小孩上学后问老师同样的问题，老师却回答道："这些问题跟你长大后要做的事没关系。"

大多数小孩听老师的话，不再问这些跟长大以后要做的事无关的问题，而是努力读书、做作业、应付考试。于是，他们长大之后就成为会计师、工程师、律师、总经理、公务员。

但还有一些小孩没听老师的话，他们还是继续问自己："为什么风会吹？云会飘？水会流？彩虹有七种颜色？"

于是，他们长大后就成为作家、画家、音乐家、物理学家。

蔡志忠说："几乎从小开始，我便养成每天三点钟以前起床，站在窗口远望天际闪烁的晨星，一边喝咖啡一边思考的习惯，由当下想到未来的一切。一颗小脑袋瓜，胜过千军万马。"

他说："行动是为了完成目标，努力之前，得先有方法。有生命的地方就有希望，有梦想。虽然不见得人人都能美梦成真，但一个人没有梦想，就像蝴蝶没有翅膀！"

每个人当及早点燃心中的黎明，做自己的灯，指引自己的道路。

每个人身上都有太阳，主要是如何让它发光。

每个人都可以成为厉害角色：自我完成人生目标，自我培养成天才。

一旦自我实现生命的价值，人的负面征兆便不会产生。一个人成为厉害角色之后，很多问题便不再是问题。

点燃心中的太阳，自我实现，发挥自己所长，尽力成为各行的顶尖高手。人生，便能到达目的地。

生命教育应创造一条人生的通道，帮助人实现生命的理想与价值。

人人自我实现，世界便是人间净土。

将缺点转化为特点

有个人请教智者道："我有两个缺点，喜欢讲话；又很讨厌别人插嘴。"

智者说：“换个位置便能把缺点变成优点。”

那个人又问：“换什么位置？”

智者说：“到电台当播音员。”

爱讲话又讨厌别人插嘴，是缺点还是职业专长？要看你站在什么位置。

所谓的优点和缺点，是相对的，我们可以自信地把缺点转化成特点。只要点燃心中的光，就会照亮未知的前方。

❹ 保持浪漫与纯真的心态

拥有婴儿般的纯洁思想

有一位哲学家来到一个建筑工地，问三位正在工作的工人：“你们在干什么？”

第一位工人说：“我在赚钱养家。”

第二位工人说：“我在砌墙。”

第三位工人说：“我在建百年神殿。”

三个人分别为不同的理由工作：第一个为了谋生；第二个工作尽责；第三个则为理想而工作。

成功者的不二法门是：保持浪漫与纯真的心态，对自己所做的事痴迷，完成事物是人生最大的享受，没有所谓的努力、毅力、辛苦工作等词。

第五章

主动设计人生

① 积极想象的神奇效果

> 预测未来的最好方法，就是创造未来。
> 解决问题的最好方法，就是让问题消失。
>
> ——蔡志忠

主动追寻梦想

陈立恒念辅仁大学德文系时，便一心想要自组乐团，大学毕业后接手了爱迪亚餐厅自己当老板，为的只是圆了组乐团演唱的梦想，能长期在自己的餐厅驻唱。十年后，他玩够了音乐，便解散了乐团，关闭了爱迪亚餐厅。

这时，他想："瓷器的英语就是 china，瓷器原本是中国独有的。而今卖得最贵的瓷器都是欧洲生产的，真是没有天理啊！"

于是，他去找故宫釉下彩专家，花了很多时间、金钱，几年后创办了法蓝瓷（FRANZ）国际精致礼品公司。法蓝瓷成功地融合了创新、人文、艺术、时尚等元素，并采用了釉下彩、倒角等技术，法蓝瓷所生产的产品得过 100 多次国际大奖，是中国台湾文化创意产业自创品牌最成功的典范。

梦要由自己编，由自己圆。当我们有了自己的梦想，圆梦的美妙过程不叫作工作，而是快乐地踩在云端朝天堂迈进。

愚者错过机会，弱者等待机会。

智者把握机会，强者创造机会。

悲观者只看见机会后面的问题，乐观者却看见问题后面的机会。

好运只眷顾发现机会的人！

想象自己的人生目标

人生最重要的想象力，是在心中想象具体目标，只有这样，才能完成梦想。

十年前，我想象自己在一个秀丽的风景区内有生活工作的场所，一年后就实现了当初想象中的画面，过上了想象中的生活。后来我和儿子想象与蔡志忠老师一起学习，现在一家人移居到杭州，也实现了这一梦想。

历史上有很多伟大的人物都知道并运用了"心想事成"的法则，诸如柏拉图、莎士比亚、牛顿、雨果、贝多芬、爱迪生、爱因斯坦……不论你是谁，用心去想象吧，当你清楚地知道你要什么时，再加上行动，最终你的所思所想就会变成现实。

用心去想象吧，再把自己"心想事成"的经验和信心传递给你的孩子！让孩子也拥有这种"超能力"，过上自己想象中的

人生！

很多人不会想象，脑中没有终极目标，只会天天在原地打转。没有目标盲目往前行，就像一匹被遮着眼睛的拖车驴子，完成不了大事情。没有目标抵达不了终点，虽然查德威克是个游泳好手，但也需要看见目标，得到自我激励，才能完成任务。

发现自己，顿悟生命的意义。
为自己设计一生旅程的觉悟者，他完全清楚人生走的每一步！

❷ 以始为终，创造命运

每个人有不同的人生之道

我们打开门走出去，是因为知道自己要去哪里。
我们开车上高速公路，是知道要去什么地方。

很荒谬的是："人生这么重要的主题，很多人走了大半辈子竟然不知道自己的目的地！"

大多数人把自己的一生过得像是在高速公路上跟别人飙车竞速，生怕被超车，竟然不知道自己到底要去哪里。

印度教《吠陀经》中说："如果一个人四十岁时还没有觉悟，便如同死亡。"

如果我们从一开始便知道自己的目的地，就不会与别人做比较。

你走你的路，我过我的桥。

世间有多少人真正能在一开始便做好正确的选择？

然后无悔地尽情做自己，走属于自己的人生之路？

每段旅程都会有个很明确的目标。

人生这么重要的旅程，有谁打从一开始便清楚地知道自己的目的地？

人生有什么目的？

人生的终点是哪里？

我们有幸来此过一辈子，应该先想清楚这一生怎么过。

每个人都有自己的旅程，每个人都有自己的人生之道。

目标是一颗北极星

同样是一生，人生最可怕的是没有方向！人没有目标，只会天天在原地打转。有既定的人生方向，并全力以赴，便能完成梦想。

蔡志忠说起自己的经验：

他习惯于每年的除夕夜开始工作，一年工作 365 天，每天工作十六个小时以上。天天都处于最佳工作状态，整整一年都处在最高效率的高原上。

是什么力量让他持续不停地画下去？

很小的时候，他便发现支撑他长期画画的力量，来自自己完成事物的成就感。

每当一项工作被他完成 20% 时，他便无法歇手，如同一大块巨石由山顶滚下来，重力加速度越滚越快无法停止，连他自己都挡不住。

画画的过程中，蔡志忠很喜欢数一数自己到底完成了几幅画。回顾自己完成了多少工作，是支撑他两个星期画 836 幅画的动力。

我们无法长久做一件事，是因为看不到前景，有既定的目标，便有无穷的力量能让我们勇往直前直到终点。目标像远方天边的北极星，明确地指着正确的人生方向，让我们奔向梦想。

由目标倒转的逆向思考

每个人有自己的天堂，每个人追求的目标都不一样，还是自由发展最好。世界上你唯一能把握的只有自己，做自己命运的主人。

以终为始，以终点为目标，由零开始展开！目的才是重点，由目的地逆向思考，由现在逐步完成。
用此方式完成梦想，便能不偏不倚，
达到最高效率，实现最高质量，
成为最厉害的自己。

生活中我们常要达成小目标，很少
有不如愿的。例如，搭飞机，大部分乘客都能
如愿准时搭上班机。

搭中午 12 点的班机出国，由出发点到机场车程一个小时，我们知道上午 11 点非抵达机场不可，所以 10 点之前就会坐在车上，发动

汽车奔向机场。上高速公路后，绝不会突然兴致来潮，到休息站吃午饭。

蔡志忠用自己收获桥牌奖杯作为案例，说出了自己的经验。他说：

"我很爱打桥牌，三十几年来参加过很多次桥牌比赛，参加过数百次比赛，包括十次亚洲杯，三次世界杯，共赢得125个桥牌冠、亚军奖杯。

"出国比赛赢得奖杯跟搭飞机一样，由终点线倒叙回来，如同结婚迎娶新娘，要先买新床准备新房一样。

"每当出发前，我会先擦干净摆冠军杯的位置，拍拍它说：'等着吧，十天后我会拿冠军杯回来。'

"抵达比赛会场，我会走到颁奖台轻抚摆在上面的冠军杯，然后悄悄告诉冠军杯：'乖，十天后我会将你带回家。'

"然后逆向思考，大脑建构虚拟情境画面，由最后倒叙回来。

"最后一场冠亚军赛：敌方气急败坏，你神闲气定，已赢得大把分数，只要小心处理最后的垃圾时间就行。

"倒数第二场四强赛：你神闲气定，已经赢得大把分数，马上进入冠亚军赛。

"倒数第三场，分数在八强里面。

"倒数第四场，成绩至少在所有参赛队伍的中间。

"牢牢记住以上这些夺得冠军的次第过程的画面，然后像要去机场搭飞机一样，按照事先虚拟的情境画面逐步执行，依计划从第一场打到最后一场。

"其实要求还算简单。例如，亚洲杯一共16队要打15场，打冠亚军赛时成绩是前两名，倒数第2场保持前4名，倒数第3场成绩为前8名，前面12场轻松打，只要分数维持在中间水平就行。

"最关键的是要连赢最后三场，很多人每逢关键时刻总会怯场，表现不出正常水平，成功者则恰恰相反，越关键表现得越好。"

终点法则

佛陀说："通往彼岸与通往红尘是相同的一条路，只是方向不同。"

错误之所以一再发生，正是因为"平凡人要做不平凡事"。

1987年，蔡志忠出版"漫画诸子百家"系列大受欢迎，有一位广告片导演朋友来找他，告诉他："我曾画过几年电影故事版，漫画技巧够水平。我想改行画漫画。"

他问朋友："你的漫画内容含有尼古丁、海洛因吗？"

朋友说："漫画跟尼古丁、海洛因有什么关系？"

他说："抽烟者买烟是为了尼古丁，吸毒者买毒品是为了海洛因，'漫画诸子百家'系列受欢迎的主要原因是国人想了解国学，外国人想知道东方思想，而不是漫画本身。"

朋友终于懂了，说："就像我拍商业广告片是为了替厂商卖掉商品，而不是努力把广告片拍得很唯美？"

蔡志忠说："是啊！行动是为了达成目的，要先想通目的是什么，而不是努力行动。"

要达成一个目标，由自我出发的努力是没有用的，而是要由目标倒回来行动。

想画漫画，要先预想读者为何要看？为何要买你所出版的漫画？
就像商业广告影片，不是要拍得唯美，而是要替厂商卖掉商品。

行动之前，要先知道终极目标到底是什么，如何达成目标。
有如参加 100 米短跑，要由终点线倒回 100 米，从起跑点思考，
如何达成第一个冲过终点线的目标。
如果自知没有能力第一个冲过终点，那么要及早退出起跑点。

人喜欢顺向思考，想达成什么先从我要努力开始，再被动地接受
努力的结果，然而顺向思考所达到的结果往往不如预期。

逆向思考是由想达成什么具体结果思考回来，于是便很清楚地知
道自己需要拥有什么条件，应该如何做，如何达成。逆向思考所取得
的最后结果往往令人惊喜！

❸ 规划人生蓝图

创造自己的命运

自我了解是人生第一智慧——我是谁？我从哪里来？我要去哪里？

当你知道自己要达成什么目标时，便知道什么是不必要的！
设定人生终极目标，主宰命运而不受命运主宰。
明确的目标是心中的灯塔。

规划一生的蓝图

规划自己的人生蓝图，再一个一个步骤逐一完成，走出自己的人生之道。

厉害的人之所以厉害，是因为他很早就确定了自己的目标，然后就一直向这个方向前进，所以才有所谓的"一万小时天才"理论。就

算你后来才发现自己的兴趣点，只要你足够专注，如蔡志忠闭关十年去学习物理和数学，就能有一定的成绩。

但最怕的是没有找到目标，整天茫茫然不知道该做什么，白白浪费了光阴。没有找到自己此生目标的人，还是要不断地尝试，来确定自己的真爱。

人没有目标，只会天天在原地打转。有既定的人生方向，并全力以赴，便能完成梦想。

建构自己的人生

建构自己的人生如同盖一栋大楼！

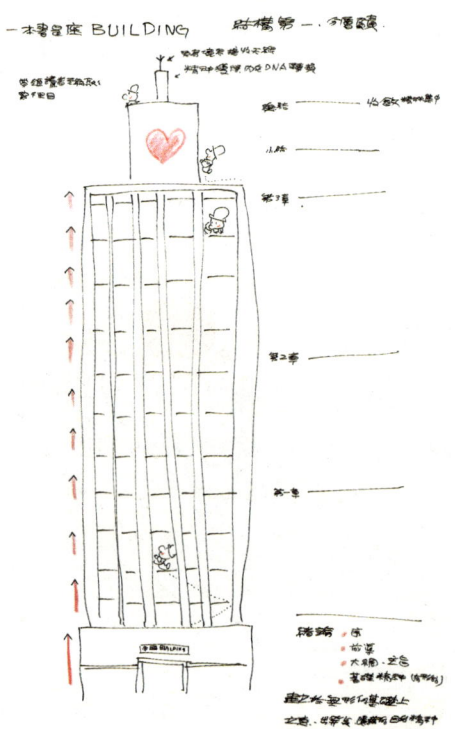

首先要有宽敞的广场，响亮的大楼名称，气派的进门大厅，不同功能的楼层，每个窗口视野漂亮，顶楼要有个梦幻般的理想。

　　规划自己的人生也应该如此。每个人应当在开始之前，便先规划好人生蓝图，然后逐一将自己的人生大楼一层一层地盖出来。

　　人只有一辈子，我们只能活一次，每个人都应把自己的一生活得很精彩。
　　人生的终点是哪里？每个人有自己的旅程。
　　我们会羡慕别人，是因为不知道自己的人生目标。
　　我们这辈子，到底要换取什么？
　　人活着绝不是为了带不走的权势名利，而是为了完成自己的梦想。

　　为自己设计精彩的一生，走出一条属于自己的人生之道！

④ 把自己摆在对的位置上

每个人都有自己的位置

台湾有一句俚语："一根草，一点露。"清晨薄雾散了，地面上无论大草小草，每株草尖端都挂着一滴露珠。这句俚语的意思是：天地是公平的，任何人只要努力守本分，都有一口饭吃。

每一滴水都有用处，每片雪花都掉落在自己的位置上，人人皆有一口饭吃。

天生我材必有用，不要有"万般皆下品，唯有读书高"的封建想法，行行出状元，没有哪一行比哪一行好。

把自己摆在正确的位置上

　　人生最重要的是，把自己摆在对的位置上！选对自己的人生刷子，站在对的位置，做对的事，把事情做好。走错路，摆错自己的位置，即便再怎么努力也不会有多大成就。

　　当你很清楚自己要完成什么时，困难便不存在。
享受朝目标前进的快感便不需要毅力。

　　鱼要在水里才能随心所欲，鸟要在天空中才能快乐翱翔。
把自己摆在对的位置上，才能将自己的能力发挥到极限。

　　一条鱼无论多么努力，都不可能学会飞行。
一只黑猩猩再怎么认真，都不可能学会微积分。

　　蔡志忠说，当我们找到自己人生的那把刷子时，便要选择对的行业，不要为了一时的薪水把自己摆在错误的位置上。人要有展现自己才能的场子，没有发挥的舞台，空有一身功夫是没有用的。

　　庄子说，人住在屋子里很舒适，猴子可不这么认为。
把自己摆在错误的位置上，便是坠入地狱！
把自己摆在正确的地方，便是置身于天堂！

　　然而世间有多少人真正能在一开始便做好正确的选择？然后无悔地尽情做自己，走属于自己的人生之路？
　　世界上人人都生而不同，应该及早找到自己的路，把自己摆在对的位置上。

⑤ 梦想与妄想

不要追求完成不了的梦想

说到梦想与妄想，蔡志忠回忆起自己的一段经历：

记得有一年暑假，大哥带着家人返乡探亲，父亲问蔡志忠和大哥的两个儿子："你们长大要当什么？"大哥的大儿子指着墙上穿军装佩军刀的将领照片，说："我长大以后要像他一样。"大哥的二儿子说："我长大以后要当警察。"蔡志忠说："长大后，我要画电影招牌。"

他说，不知道父亲当时是否对这么小的志向感到很失望。九岁时，台湾开始流行漫画，他便立志成为漫画家。后来，他从事动漫几十年，还乐此不疲。

三个小孩子长大后，三个志向只有蔡志忠的真正实现了，而且稍微提高了一点标准——当了漫画家。大哥的两个小孩当时只是说着玩的，后来并没有当上将领与警察。当将领是很伟大，当警察是很神气，但画电影广告招牌的志向才是很实际的。

如果问今天的年轻人："你最想当谁？"

通常百分之八九十的答案都是：当今的首富。

如果他说："当今首富所拥有的才能我样样都比他厉害，虽然我今天一无所有，但有朝一日我一定比他更有钱。"

这样的回答就是：志气、志向！

如果首富成为首富的条件自己一项也没有，只是想跟首富一样有钱，这不叫作志向，而是妄想。

　　回顾世界上厉害的角色，他们都很小便找到了自己的人生目标。

　　及早问自己问题！将来要做什么？

　　要达成目标还需要什么条件？

　　自己问得越早，越容易成功。

　　自己问得越早，就会准备得越早。

　　机会永远留给准备好的人，而成功致富是掌握机会者的"后遗症"。

　　一个青年人问无为大师："如何完成自己？"

　　卡兰德说："做一个人，应该要成为你能成为的样子，而不是要去追求你永远无法完成的理想。否则你可能只是个畏缩在理想虚壳中的那个心虚角色。"

　　人生之道不需要往虚无缥缈的世界中去寻找，只要注意生活的细节，从生活中去体会即可。当怀疑刚出现时，答案可能就摆在那里。

　　梦想不等于做梦，做梦可以胡梦乱梦。

　　梦想得要考虑自己的能力、条件，无法达成的梦想只是妄想。

6 站在巨人的肩膀上

圆融不二，反复循环

每个开悟者总是把自己活得很完美，成为厉害角色不外以下程序：

读万卷书，不如行千里路。

行千里路，不如阅人无数。

阅人无数，不如高人点度。

高人点度，不如自己顿悟！

蔡志忠解释说，这四句话其实是读书、游山、访高人、净意、顿悟、成大事的反复循环。如何有目标地读万卷书，如何有计划地行千里路，如何用第三只眼睛去阅人无数，以及高人如何为你点度，自己如何顿悟。

站在巨人的肩膀上

当初牛顿刚出道时，因为物理学理论跟虎克产生了矛盾。由于虎克长得矮小，牛顿写信讥讽他说："如果说我比别人看得更远些，是因为我站在巨人的肩膀上。"

牛顿

人的一生机缘很少，但如果你周边熟识的朋友都很厉害，那么机会便会很多。前提是你要先使自己成为某一方面的佼佼者，这样你才有机会认识各种领域的巨人，于是才有机会站在巨人的肩膀上。

蔡志忠说，山峰永不相遇，人却时时相逢。与一个注定要成为亿万富翁的人交往，自己怎么可能成为一个穷人呢？你与之交往的人就是你的未来！

⑦ 梦想成真的方法

让梦想图像具体化

NBA 第一控卫克里斯·保罗三岁时就爱上了篮球，保罗说："我努力像史蒂夫·纳什那样突入内线，像杰森·基德那样传球，像阿伦·艾弗森那样运球。"

2005 年，保罗进入 NBA，他也确实实现了小时候的梦想，他在球场上可以玩出一大堆炫目的运球和传球的高超技巧，成为当今 NBA 第一控卫。

因为史蒂夫·纳什的突入内线，杰森·基德的传球和阿伦·艾弗森的运球在他的梦想中非常具体，能逐一落实，让自己可以跟心目中的英雄一样。

蔡志忠强调说：梦想要有明确可行的目标，在大脑中建构具体的动态图形，然后逐步将图形变成事实，完成心中的想象。

强烈渴望，无限疯狂

努力问狂热："我跟你的差别在哪里？"

狂热说："你做只是为了达成目标，我是迷恋到没做会死掉。"

努力说："这会有多大的差别？"

狂热对努力说："你很难一生每天都努力十五个小时，对狂热者而言，他恨不得一天有四十八个小时，能疯狂投入，与自己所爱相处。"

努力是为了达成自己所期待的目的，需要毅力来支撑。

狂热是融入自己所狂热的事物本身，所以不累不困，能持久。

蔡志忠说，一个人要选择自己最拿手、最喜欢的事物，然后全力以赴，把它做到极致，没有不成功的。但是单凭努力不一定会达到好结果，没有效率的努力是没有用的。做自己喜欢的事，会达到最高效率，没有极限，这不是毅力，是疯了，是太喜欢做喜欢做的事了。

如果我们需要靠努力、毅力去做一件事，那么这件事显然不是自己真正喜欢的。

如果你真正喜爱什么事情，又能自主，全力以赴是不由自主的。

全力以赴完成一件事情，是得到真正快乐的方法，并不是一种义务。对于真正爱的事，一定会使尽全力，因此会得到乐趣。投入愈多，喜乐愈大，获得的成果也越多。

❽ 时间的魔法

时间的价值就像金钱的价值一样：

完全体现在如何使用上。

管理自己，先管理时间。

蔡志忠最会管理时间、善用时间。他擅长规划自己的一生，人生的每一个阶段，他都有自己的计划。例如，耗时四年在东京画"漫画中国思想"系列，耗时三年研究佛陀与禅宗思想，闭关十年研究物理和数学。

使用时间的秘密是：虽然时间是公平的，一天都是二十四小时，但如果人先有目标，然后以终为始，倒推完成的路径，再从当下开始以最高效率进行行动，就能在预定的时间内抵达终点。

第六章

用行动让自己发光

❶ 不要空想：行动才能抵达目标

动机比意志重要

巴哈为了欣赏风琴大师兰肯的演奏，徒步五十公里到汉堡。

他更为了听前辈巴克斯·泰乌德的演奏，徒步三百六十公里，到北方的吕白克。

如果当时友人问巴哈："徒步三百六十公里去听一场演奏，不是太累了吗？"

相信他一定会回答："关键是自己要不要去，而不在路程的长短。"

不要空想

西班牙小镇有个穷教徒，一年来天天到教堂向神祈祷："神啊！求求您让我中彩票吧。"

神说："我早就想让你实现愿望了。"

穷教徒说："感谢主，但为何我从来都没有中过彩票？"

神说："你天天光到教堂祈祷，一年来从来没买过一张彩票！"

行动才能抵达目标，行动才能完成梦想。

骑在骆驼上的人有他的想法，而骆驼也有自己的计划。

心中所想的与行为所走的，不一定是相同道路。

人要身、口、意同时进行——心想、口说、行动三者同时进行，没时间差。

行动之前先了解状况

《史记》中说："夫运筹策帷帐之中，决胜于千里之外。"

姜子牙也同样讲："知天者不怨天，知己者不怨人。先谋后事者昌，先事后谋者亡。"

一个人无论再怎么厉害，把他放到十平方米的孤岛上，便无所作为。人是社会性动物，所以必须跟很多人合作互动。

不怕有神一样的敌人，而怕有猪一样的队友！

所以行动之前必须知己知彼了解状况，知天、知地、知人、知时、知节，对周边一切如实知晓。

完成目标的三步骤：

1. 要达成什么？

2. 为何要达成？

3. 如何达成？

❷ 创意与想象力：叛逆是最大的创意

创意不自我限制

媒体记者经常问蔡志忠："你的人生如此丰富，创意来源是什么？"

他回答道："是思想自由，大脑的想法不自我限制。"

他所说的自由思想无关于政治，而是来自有肯放开手、肯信任孩子的父母。他有对开明的父母，从来都让他自由发展，不建议，不阻挠，不说不可以！

永远只说："好！可以！那就去做吧。"

蔡志忠分享道："创作时，我都先针

对自己有兴趣的主题大量阅读、研究、思考，积累在悬崖边，当开始创作时，将积累推下山来，重力加速度的力量，强到连我自己都无法将它停下来，没有完成之前无法自持。"

智商不是用量的，智商是由事后结果来评断的。创意也是如此，一件事成事之后我们再回顾，便会发现当初是多么有创意！

很多人会误以为突发奇想就是创新，其实创新不是把圆改为方，而是生产出改变人们生活习惯的产品。

创新就是创出成功的新产品。

创新不是以技术发明为标准，而是以市场价值为判断标准。如果创新以产品为中心，会产生技术奇迹，但报酬却令人失望，没有市场价值就不是创新。

创意是最大的愉悦

很多媒体朋友问蔡志忠："是不是有一组人帮你编故事、写文字？"
他总是回答说："整个工作环节创作最享受，画画完稿最累人。我怎么会把最享受的部分让别人做，而自己却去做最累人的部分？"
蔡志忠说，现在和从前一样，他不靠团队作战，只依靠自己一个人。对于作品他有"洁癖"，他所出版的作品每个字、每个标点符号、每个造型、每根线条都是他所写所画的。
创意是人生中的至乐！通过思考产生创意，再把它具体呈现出来是人生最大的愉悦，世上没有什么能跟无中生有相比的了！每个人有自己的天堂，每个人的天堂不一样，对蔡志忠而言，一个人处于孤寂中思考创作就是他的天堂！

钓鱼的要领，不在钓竿、渔网或鱼饵，而在于池子里要有鱼。创意的要领在于大脑里有产生创意的机制。

行动是落实想象力的关键

21世纪是文化创意产业时代，创造力就是用行动落实想象力！

个人的创意和执行力才是关键。例如，几个年轻人创造出了"去哪儿网"与"滴滴打车"APP（手机软件），一上市就有超过100亿美元的市值。

无论你有多好的创意，做完通盘思考之后便要开始落实，不能只停留于想象。创造力＝想象力＋行动力，没以行动落实的创意只是空想，不叫创造力。

事情进行时不要思考，闭嘴，专注于行动干事。

成功抵达目标的方法是：选择单一的人生焦点，然后拼命朝目的地前进，用行动将人生的目标具体落实，完成自己的梦想。

创意是最伟大的叛逆

佛陀说："莲花生于水、长于水，但高出水面，纯洁不受污染。人生于俗世、长于俗世，但借着心灵的升华而高出俗世，不受俗世污染。"

奥修说："创造，就必须摆脱所有的制约，否则，你的创造力什么都不是，只是一种拷贝，一种复制品。唯有成为独立的个体时，你才能创造。当你仍属于群众心理中的一份子时，你无法创造。"

蔡志忠说，创造者无法依循前人的脚步，他必须寻找自己的路，舍去群众的心理状态，一个人单独前进。所有的创造者，如画家、舞者、音乐家、诗人、雕刻家等，都必须放弃社会上的地位，过着波希米亚式的流浪者生活。

寂静是创作的起源

孤寂是创造力的来源，孤独是快乐的寂静彼岸。
毕加索说："没有孤独，什么事都干不了。"

蔡志忠享受孤寂，喜欢创作。虽然从事漫画几十年，但他都是在享受，从没有把画画当成工作。

蔡志忠的创作习惯跟巴尔扎克很像，天一黑就睡觉，凌晨一点起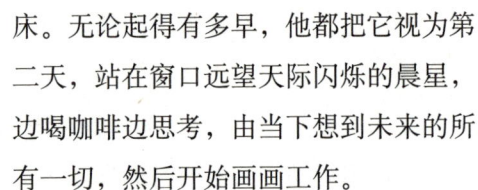床。无论起得有多早，他都把它视为第二天，站在窗口远望天际闪烁的晨星，边喝咖啡边思考，由当下想到未来的所有一切，然后开始画画工作。

当我们的焦点完全处于自己所热爱的事物上，又能迅速完成时，万籁俱寂，只能听到笔在纸上发出的唰唰声和自己的心跳声，像是全宇宙唯有自己存在。

148

这时，大脑会源源不断地分泌脑啡肽，全身舒畅得有如一股甜蜜的河流缓缓地通过身躯。每逢这种情境，蔡志忠常会不由自主地赞叹："生命真是美好。"

每当进入强烈的聚焦状态时，便能达到"不累、不饿、不困、不病、不死"的境界。蔡志忠说，这种美好感受，除非自己亲身经历，是难以用语言文字跟别人形容的。

创意为什么会微笑？创意像来自天上的珍品，尝过创意美味便能微笑一生。

蔡志忠经常品尝创意而乐此不疲。如果有一天科技够发达，能将大脑置入于容器中，备置两只机器手臂能搜寻计算机数据和创作，他倒非常乐意成为这种"生化思考者"。排出生活中不必要的一切事物，在孤寂中通过思考产生创意，就是蔡志忠的天堂。

左右大脑合一

常听人说："不要用'脑'思考，而要用'心'体悟！"

"脑"与"心"的差别在哪里？

脑就是理性思维的左脑，心就是感性思维的右脑。

智力来自左大脑，是低等而有限的；智慧来自心灵，是光明而无限的。

创意思考主要是由右脑来主导，左脑负责提供数据。制式教育注重考试成绩，在学校听话的乖孩子擅长用左大脑背功课，不善于使用右大脑海阔天空地想象，因此创意不好。

创意像开车，右脑像脱缰野马的加油板，左脑则扮演认为不可能完成的刹车板。

及早帮助自己和孩子开发右脑天马行空的想象力，再根据左脑的数据，左右大脑合体落实为好的构想，再用行动将创意具体完成。

所有一切创造都是想象力与执行力的结合。没有想象力作为先导，创造、探索便不可行。想象力是创意的源头，是智慧的起源！

想象力开发

卡尔·威特两岁时，母亲每天说故事给他听。如同报纸上连载小说那样，每当讲到"且听下回分解"之处就打住，接下来的故事情节则让儿子自己去想象创造。卡尔·威特为此而挖空心思，对可能的情节做出各种猜想。

第二天，母亲讲故事之前，先让卡尔·威特说说他是怎么想的，然后才接着讲。如果儿子猜中了，就高兴地欢呼；如果没猜中，卡尔·威特的母亲就夸奖说："哎呀，我儿子编得比故事本身还好呢！"

蔡志忠说，他小时候也有过和卡尔·威特一样的经历。九岁时他立志当漫画家，自我训练编故事，什么书都读，最爱看《侦探》《小说侦探》这两本杂志，他喜欢边看边想，常在故事发展到一半时，便能猜出凶手和故事的后续发展。当时还差一点将志向改为当侦探，但自己又瘦又小，拳头不够硬，不能跟坏人打架，当侦探的幻想才烟消云散。

当时他也很喜欢看电影，小镇的电影院不清场，观众买票便能进场，通常都从故事演到一半开始看起，边看边了解故事的人物关系，直到故事完结。

电影结束与下一场次开演的20分钟空档，蔡志忠会想："这部影片是怎么开始的呢？"

自己胡乱编了几种可能，影片开演后，随着故事进行，他会边看边想："由故事开场到刚才已经看完的结局，中间到底怎么接的？发生了什么情节？"

以这种方式看电影，不怎么精彩的电影也会变得比较好看。好莱坞的专业导演大概也懂得这个道理，因此才把中间最好看的剧情剪到影片前面，这便是电影中的蒙太奇手法。

以这种方式阅读侦探小说或看电影，会使内容变得更好看，同时，能开发自己的创意和想象力。

逆向思考

思维不能按既定顺序，创意常来自对终极目标的逆向思考。

禅宗中有个很著名的故事：

有人问大珠慧海禅师："智慧大吗？"

大珠慧海禅师答："大。"

问："有多大？"

答："无边无际。"

问："智慧小吗？"

答："小。"

问："有多小？"

答："无形无影。"

又问："什么是智慧？"

大珠慧海禅师反问道："什么不是智慧？"

体悟大珠慧海禅师的观念，创意想象便可突破思维的自我约制，

到达无边无际之境。

蔡志忠在三十六岁时结束动画公司，到日本想再度从事漫画工作，选择画什么。一般想法是：要画什么主题？

他的想法则相反：宇宙中有什么主题不能画漫画？

漫画家通常画幽默讽刺或故事漫画，他则认为漫画是一种表达手法，跟文字一样，漫画可以画物理、数学、哲学，世间一切事物都可以用漫画来表达。由于观念的突破，后来他选择以庄子、老子、孔子为题材，画"漫画诸子百家"系列。

"漫画诸子百家"系列的缘起

1985年4月22日，蔡志忠做好长期待在日本的准备，搭机到东京，在东池袋练马区樱花台，跟日本漫画家市川立夫一起合租一间名叫芳叶庄的简陋组合屋。

日本是漫画王国，一个外国漫画家如何在一片少年少女剧情的漫画浪潮中打天下？即使画得跟日本漫画家一样好，也不容易出头。

但蔡志忠知道漫画的重点不在于技巧，而在题材！他说："读者没有跟我们结仇故意不买我们的作品，读者没跟自己的荷包结仇，花钱去买不好看的东西。只要画出来的漫画内容很好看，有意思，出版之后肯定受欢迎！"

有一次跟市川立夫聊天时，蔡志忠提到"庄周梦蝶"这个美丽的故事：

有一天黄昏，庄周梦见自己变成了蝴蝶。

他拍拍翅膀，果然像一只蝴蝶，快乐极了。这时候，他完全忘记了自己是庄周。

过了一会儿，他在梦中大悟，原来那得意的蝴蝶就是庄周。

究竟是庄周做梦，梦到自己变成了蝴蝶？还是蝴蝶做梦，梦到自己变成了庄周？

市川立夫说："好像柏拉图也有类似的故事。"

蔡志忠猛然想到："何不将艰涩难懂的中国哲学思想，以浅显易懂的漫画呈现？"

刚好他身上带着几本关于庄子、老子、墨子哲学思想的书籍，当下便停止聊天，拿出书来开始阅读。第二天一大早，到三省堂书店买日语版的《论语》《孙子兵法》《韩非子》《菜根谭》回来研读。

由于蔡志忠的人生观很像庄子，于是便从故事最精彩的庄子开始画起。打好八十几张《庄子说》的漫画草稿，便约讲谈社漫画单行本主编阿久津一起喝咖啡，给他看新作。

阿久津看完惊呼道："哇！这是震撼漫画界的创举，这本书出版之后，保证会轰动。"

蔡志忠说："我猜应该会畅销。"

"这本漫画一定要给讲谈社出版。"

"当然，不只是一本漫画，我要画整套'漫画中国思想'系列。"

"你还要画什么？"

"庄子之后，还要画老子、孔子、孙子、韩非子，等等。"

"这套漫画一定要给讲谈社出版。"

"行，一言为定。"

几天后，阿久津把庄子漫画草稿交给讲谈社第三编辑部部长古屋信吾看，古屋信吾当场答应跟蔡志忠签约，出版"漫画诸子百家"系列。

1986 年冬天，蔡志忠画完第一本"漫画诸子百家"系列中的《庄子说》时是晚上 9 点，他到外面吃了一碗拉面，多加了一颗卤蛋以示庆祝，然后再回工作室继续画《老子说》。因为整套系列有二十几本，完成第一本《庄子说》只是整套"漫画诸子百家"系列的开始，不必过度兴奋。

卡耐基说："成功是连续过程，如同母牛刚生下小牛，马上又怀了另一只小牛。尾声是最后一里路，也是新梦的开始。成功者用一个个小成功堆砌事业，用尾声的欢庆，让新梦上路，这才是成功者的质量。"

❸ 时间不可切割

蔡志忠以他的生命经验得出：时间越大段，越有价值，花越长时间去做，成就越大。别人 7 天一个周期，蔡志忠是 365 天一个周期。

他说，大段代表"一"，打断就是切断，打断越多越没有价值，到最后变成了碎尸万段，变成了零。

他很喜欢孤寂，不喜欢被别人或自己打断工作，一大段完整的时间非常好用。

他没有手机，是为了不让别人切断他的时间。

他没有手表，是为了不让自己切断时间。

因为他很早便悟出时间的本质：

一段时间有一段时间的功用。

切成两段，只剩下 60% 的功用。

切成四段，只剩下 30% 的功用。

切成一百段，时间的功用便等于零。

收入与工作时间的长度成正比。

时间连续得越长，获益越大。

牛顿二十三岁时，趁学校因瘟疫流行停课两年的时间，研究物理、数学，发现了万有引力和微积分。

时间越短，获益越小。重庆码头拿着挑杆的挑夫，帮人挑一次只得几块钱。

④ 把事情做到极致

目标具有强大的吸引力，感受完成目标的快速流动过程，身心便进入天堂。凡事都可以做得比原来更好，下一次一定做得比这次还要好，下一次一定做得比这次还要快，又快又好、更快更好。

在做的过程中，如果你做出来的比期待的好，就会更好，比期待的快，就会更快，这也要自我要求。比期待的坏，你后来会做不下去。比期待的慢，会越做越慢，最后放弃。

⑤ 主动认识厉害角色

蔡志忠说，人要学会主动认识厉害角色，别辜负别人的善意，这可能是改变命运的契机。

他研究了三年佛陀思想，动手画成漫画之前，由于不能确定是把佛陀画成《西游记》里的中国式佛陀，还是偏袒右肩在森林修行的印度式佛陀，于是到古董市场想买几尊佛陀造像来参考。他发现了铜佛之美，便开始收藏铜佛，后来发现全世界镏金铜佛收藏最好的人是新田栋一。

蔡志忠便飞到东京按响了新田栋一家的门铃，递给管家一本各国媒体采访他的剪贴簿，说明自己是来自中国台湾的、非常热爱铜佛的知名漫画家，求见新田栋一。

没多久，管家领他进入屋内跟新田栋一见面。新田栋一从媒体采访剪贴簿知道，蔡志忠确实很有名，不是坏人，便热烈邀请他住在自己的豪宅。从此，蔡志忠跟他建立了亦师亦友的终身关系。他说，敢于登门按门铃，是他深信自己爱铜佛，如果对方也真心爱铜佛，那么必定一见如故、相见恨晚，绝不会被拒于门外。

蔡志忠说自己一生多次主动认识一个人，或主动应征求职，因为他总认为生命苦短，想跟一个人相识，或让别人发现自己的才能，因缘际会、随缘相遇的概率很小，不如亲自行动登门造访。蔡志忠总是随时准备着个人作品册子和各国媒体采访剪贴簿，一亮出来不用言语说明，对方立刻非常清楚。

厉害的人像一座山峰的山顶，让自己勇敢地认识厉害的角色，像是让自己搭乘了一架上山索道，可以用最快的速度让自己达到"山顶"。

❻ 及早展露才华

及早决定自己的一生

孔子说："吾十有五而志于学，三十而立，四十而不惑，五十而知天命，六十而耳顺，七十而从心所欲，不逾矩。"

蔡志忠说，两千多年前，孔子十五岁才致力于学习，到了七十岁才依内心的感觉行事。然而在十倍速率、快速发展的今天，这算是非常低标准的了。如果我们不"英雄出少年"，哪有机会等到老年才来成就自己？

从西方历史中我们看到五岁的莫扎特是杰出的演奏者，后来自己也创作出很多知名的交响乐；九岁的高斯写出数学的连续和公式；牛顿二十三岁时发现了万有引力和发明了微积分；爱因斯坦二十六岁时提出了惊动物理界的相对论，纪伯伦十五岁时，便用阿拉伯语写下了《先知》初稿。

今天，我们也看到比尔·盖茨、史匹伯、辛吉斯、桑普拉斯、迈克尔·乔丹、泰格·伍兹等人早在二十岁左右就成为该领域的世界顶尖人物。

今天，我们不能十五岁才立定志向，也不必等到七十岁时才听内心的话去行动。

很小便应该立志，很早就应该依自己内心的感觉行动！

机会永远留给早已准备好的人！

蔡志忠二十三岁时，花了三个月时间，将迪士尼的影片一格一格描绘出来，还原为当初迪士尼桌上的稿子。

从一个不懂动画原理的人，到成为中国台湾动画画得最好的人，之后他完成了三部四分钟的电视连续剧片头。

他又立志成为动画导演，自己创作了十几个动画电影剧本、动画故事版人物造型。

1982 年为国际儿童年，日本东京映画动画公司接受联合国的委托拍 36 部世界各国童话故事动画片。东京映画的高层到中国台湾寻找能画中国童话故事中的"杜子春"的人才，他们看了蔡志忠极具中国特色的人物造型与电视连续剧片头之后，很高兴地将"杜子春"交给他创作。

蔡志忠告诉我们：先有自己的想法，然后一心朝向既定的目标，做到极致，才是成功实现梦想的不二法门。要在第一时间表现自己，不要自贬身价，以免别人看轻。

准备好就及早出道

白手起家的富豪，刚开始多从事最底层的工作。
他们的共性就是：将平凡的工作干得很出色。

洛克菲勒十六岁开始为一个小商人做会计助理，因工作有条不紊、精细认真，深受老板赏识。哈同年轻时在上海沙逊洋行当门卫，因为他表现突出，一年后升任地产科领班，开始创造自己的财富。

钻石大王彼德森十六岁到一家珠宝店当学徒，学习一丝不苟，仅五个月手艺就得到师傅的认可。

十一岁的巴菲特购买了平生第一张股票。他十三岁便开始实业投资，十六岁高中毕业前就拥有了自己的 40 英亩农场。1964 年，年仅三十四岁的巴菲特拥有了 400 万美元的财富，当时他掌管的资金高达

2200 万美元。

以上这几位出道很早、赚钱致富的成功者还有一个共性，就是工作之余看书学习。

蔡志忠建议，人要及早展现自己的才华,成为沙漠中会发光的钻石，才能显露头角、叱咤风云。

实时展现自己的实力

成功者越是关键时刻表现得越好，只要给他场子，站在台上，他便像一颗钻石，光芒四射，惊动全场。

人生场合也是如此，有的人往往无法实时展现自己的实力。

一块沉入红海的金子和一块石头没有区别。让自己一鸣惊人，及早让自己成为摆在曼哈顿的钻石，而不是隐藏于撒哈拉沙漠的珍珠。

东晋时，晋武帝与群贤共话技艺，王敦坐在一旁，一副不屑的样子。

晋武帝问："王敦，你会技艺吗？"

王敦说："会一点。"

晋武帝问："你会什么技艺？"

王敦说："我只会打鼓。"

晋武帝说："取鼓来！"

王敦扬槌奋击，音节谐调快捷，如狂风暴雨。

他击鼓时旁若无人，神气豪迈，惊动全场，在座无不叹服。

蔡志忠说，人的一生中，能让我们表现自己的机会并不太多。成功者只需要一次机会，便能表现得令人刮目相看。

你若行动，必会发光！

第七章
成功的定义与方法

① 成功的定义

> 成功不是将对手打败！人生的挑战，说穿了只是内在的自己挑战外在的自己，若是赢得全世界也先别高兴，因为你可能真的输了自己！
>
> ——蔡志忠

成功不是名、利、权的获得

有个人患了饥饿症，他吃得再多，也还是饿得很。

每天吃吃吃吃吃，吃个不停，无法休止。

有一天，终于吃得撑破肚皮而死去。

有个人患了金钱饥渴症，每天忙着赚钱。

赚赚赚，赚得再多，他都不满意。

他说，我要钱。

有一天他终于被钱淹没了……

老王得了名位饥渴症，毕生追求地位头衔。

"这是我的名片。"

"好多头衔啊。"

他追求的名利多得可以。

有一天，他却失去了自己。

"我是王董、王理事长、王主席，但我忘了我是谁。"

人追求什么，常常不知止息，不知足是病。

名、利、权、位不是用来跟别人比的，而是用来满足自己的需要的。

或许贫穷是一种病，但富而不知停止追求财富更是一种病。

名、利、权是欲望的产物，不做欲望的奴隶，才有可能真获得成功。

知名度很高，很有钱，权力很大，大概很容易被定义为成功吧！

在有限的生命中，名、利、权真有想象中那么重要吗？

人生的牢狱，每个人都以为自己是个鸟笼，在捕捉他生命中的鸟！

其实每个人都是一只鸟，在寻找关自己的鸟笼。

名利、权势、成就，失的误以为是得，被猎的还自以为是猎人。

人耗尽一生追求一切，其实是被一切所埋葬。

人生所追求的难道只是一重重的牢狱而已？

人赤裸裸地诞生，又孑然死去。人死后遗留下善行才值得赞颂，无人能带走自己一生经营的财富与盛名。

让自己和孩子清楚什么是真正的成功，明确人生追求的目标，才可以在人生的道路上不迷失，活得潇洒又自在。

名利之外才是真实的自己

山上的寺院，有一个和尚和一只天天在磨坊拉磨的驴子。

驴子说："日子不应该是这样，只是天天无聊地拉磨啊！"

有一天，和尚带着驴子下山去驮东西，它兴奋不已。到山下，和尚把东西放在驴子背上，上山返回寺院。

没想到路上行人看到驴子时，都虔诚地在两旁顶礼膜拜，驴子不明白人们为何要对自己跪拜。沿路一直如此，驴子不禁飘飘然起来。

驴子说："原来我很伟大，人们如此崇拜我。"于是它就趾高气扬地停在马路中间，坦然接受人们的跪拜。

回到寺院里，驴子认为自己身份高贵，再也不肯拉磨了，和尚只好放它下山。

驴子走下山，看见一群人敲锣打鼓迎面而来。驴子说："他们来迎接我啦！"于是大摇大摆地站在马路中间，准备接受人们跪拜。那是一队迎亲的队伍，看见一只驴拦住去路怎么赶也赶不走，人们愤怒地用棍棒打跑了驴子。

驴子逃回寺院时已经奄奄一息。

临死前，驴子问和尚："人心真难以理解啊！我第一次下山时，人们对我顶礼膜拜，而今天人们竟痛打我。"

和尚说："蠢驴啊！那天人们不是跪拜你，而是跪拜你背上驮的佛像啊。"

如果我们拥有财富，别人崇拜的只是我们的财富。

如果我们有权利地位，别人崇拜的只是我们的权利地位。

如果我们青春貌美，别人崇拜的只是我们的青春貌美。

当财富、权利地位、青春貌美都不再之时，别人还崇拜我们，那才是真正的崇拜、真正的成功。

成功的客观条件

如果成功不是打败别人，不是超越别人，不是名、利、权的获得，那成功的定义是什么呢？成功至少包括三个客观条件，三个主观条件。

先说三个客观条件，所谓客观条件就是别人看你的条件。

第一个客观条件是"健康至上"。诚然一个人有再多的名、利、权，有再多的爱心，没有健康的身体，也不能称之为成功。所以我们说成功的第一个客观条件是"健康至上"。

一个整天入不敷出的人，没有人会认为他是成功的。所以成功的第二个条件是"丰足的物质生活"。这里说的是丰富充足的物质生活，而不是富有或奢侈的物质生活。

有些人很优秀，条件很好，也很努力，却整天凡事不满，怨天尤人，这就是缺乏平衡的心理状态。只要是有人的地方，就会有冲突，有再高的智慧也无法解决所有的冲突和不满，最重要的是不以物喜、不以己悲，保持一种平衡的心理状态来处世。这是需要努力的一种修为，也是成功的第三个客观条件。

成功不是打败别人，成功不是超越别人，成功不是名、利、权的获得，拥有健康的身体、丰足的物质生活、平衡的心理状态，才能拥有成功。

成功的主观条件

成功的三个客观条件是"健康的身体""丰衣足食""平衡的心理状态"，接着让我们来谈谈成功的三个主观条件。客观是别人看你，主观则是自己看自己。

成功的第一个主观条件是"战胜自己"。

老子说："胜人者有力，自胜者强。"战胜别人是有力量的，战胜自己才是真正的强者。

无法战胜自己的人，从镜中看见的自己就是一个怪物。

一个人如果无法战胜自己，一直在做自己认为不该做的事，就不能称为成功的人。

成功的第二个主观条件是"贡献自己"。

一个人是否成功，不是看他有什么丰功伟业，而是看他有没有充分地贡献出他所有的力量。

记得1979年，瑞典皇家学院将诺贝尔和平奖颁给了在印度为穷人服务了四十多年的特蕾莎修女，而没有颁给当时促成以阿和平的卡特总统。他们也说了同样的话："因为她付出了她的全部。"

成功的第三个主观条件是"扮演好自己的历史角色"。

每一个人都活在历史中，每一个人都在扮演着历史角色。

大家都听过管仲与鲍叔牙的故事。鲍叔牙与管仲是很好的朋友，两人一起经商，结果被管仲的坏脾气弄得一团糟。后来鲍叔牙去从政，由于他很努力，人缘又好，仕途一直很顺利，最后齐桓公提拔他为宰相，他跪拜说："谢主上恩宠，但我的能力不足以担任宰相。"

齐桓公问："你不行，有谁行呢？"

鲍叔牙说："我的朋友管仲。"

在鲍叔牙的推荐下，齐桓公任命管仲为宰相，九合诸侯，一匡天下。管仲成为天下最有贡献的功臣之一。

扮演好自己的历史角色，才是真正成功的人。

战胜自己、贡献自己、扮演好自己的历史角色，才能超越自己，获得成功。

成功者必备的条件

自觉

如果我们不知道自己在睡觉，就不可能从睡梦中觉醒过来。

发现自己

如果不知道自己的能力有限和可能性，便不可能获得跃升，提升自己。

选择自己的道

如果我们随波逐流，便不可能走出自己的人生之道。

右脑显现当下的图像情境，左脑用既有的知识、经验、观念。

成功的关键

有人问智者："什么才是成功的关键？"

智者给他一颗花生，说："用力捏捏它。"

那人用力一捏，花生壳碎了，只留下花生仁。

智者说："再用力捏捏它。"

那人又照着做了，红色的种皮被搓掉，只留下白白的果实。

智者说："再用力捏它。"

那人用力紧捏，却无法把它捏碎。

智者说："虽然屡遭挫折，却有一颗坚强的百折不挠的心，就是成功的关键。"

成功的关键只在一心，你的心决定了你成功或是失败，你相信必然成功，成功也会相信你的心。人生不如意之事十有八九，勇于面对逆境，是人性中重要的优点。成功与否就在于面对困境时我们怎么反应。

通往真理的道路只有一条，成功有一定的法则。

程序是制胜关键，失败的理由则是千奇百怪。

❷ 智慧是无价的财富

才气要用财富来证明

智者对众人说："一个值得嫁的好男人有：才、财、情、义、趣五个特质。"

一位年轻女子问："但他只有才华，而没有财富该怎么办？"

智者说："那么他所谓的才华便是假的。"

年轻女子问："为什么？"

智者说："有没有才华，要用人人都看得懂的方式来证明。"

年轻女子问："什么方式？"

智者说："用才华换取财富，是证明自己真有才华的最好方式。"

蔡志忠说，有人宣称自己多才多艺，只是怀才不遇，然而金钱才是大家都看得懂的东西。宣称自己多才多艺的人，要用才能创造出财富来证明自己，别人才看得明白！

没有能力活用智慧换取财富以养活自己的智者是假智者。

钱是会发光的太阳，是世界共同语言。

能兑换为金钱的智慧，才是活的智慧。

融入智慧的金钱，才是活钱。

萧伯纳说："最大的罪行和最坏的罪行是贫困。"

学者、哲学家的知识或许能称作智能，但不是真智慧，在金钱面前俯首帖耳的智慧，不可能比金钱重要。真正的智者应该串联智慧和实践，在实际的生活中创造价值。

财富不只是钱，财富是力量，财富是智慧，财富是智慧和实践的结晶，是物质和精神的统一。

蠹鱼啃了满肚子经书，但还是没有智慧。

富人没有学者的智慧，却能驾驭金钱，有聚敛金钱的智慧，有通过金钱役使学者智慧的智慧，这才是活的智慧。

蔡志忠忠说，有能力的人很瞧不起财富，但荒谬的是，再也没有比用财富来证明能力真的行更直截了当的啦！

唯有拥有滚动的智慧，不断创新，才是真正聪明的人。

智慧才是无价的财富

每个犹太妈妈都会问她的孩子："如果有一天你的房子被烧了，你的财产就要被人抢光，那么你将带着什么东西逃命？"

"食物、衣物。"

"机票、钞票。"

"珠宝、钻石。"

……

她们会进一步问："有一种没有形状、没有颜色、没有气味的宝贝，你知道是什么吗？"

要是孩子们回答不出来，母亲就会说："孩子，你要带走的不是钱，也不是钻石，而是智慧。智慧是船沉了还存在的东西，任谁都抢不走，只要你活着，智慧便永远跟着你。"

蔡志忠说，智慧唯有化入金钱，才是活的智慧。

金钱唯有化入智慧，才是活钱。

有些人的财富装在脑袋里，有些人的财富装在口袋里，财富装在脑袋里的，才是真正的富翁。

财富的源头是智慧。

有智慧的人，赤手空拳也可以创造财富。

③ 金钱的意义

金钱的意义

在中国家族观念很重，渴望家传万代，子孙源源不绝。因此大多数人把 99% 的财产传给自己的小孩，林则徐则不一样，他不留财富给子孙。林则徐说："子孙若如我，留钱作什么？贤而多财，则损其志；子孙不如我，留钱作什么？愚而多财，益增其过。"

蔡志忠说，人生是来成就自己的，不是来换人民币的。不要去做自己认为的好事，而是去做对众人有益的事。

美国钢铁大王卡耐基说："拥抱着财富而死，是一种耻辱。"

世界上有的人很会赚钱，有的人很慷慨，捐钱做善事。把用不完的钱给需要者是富人的良心。

把财富留给自己的子女可能适得其反，会使得子孙没有机会完成自己的人生梦想。

1873 年，美国铁路大亨范德比尔特为了弥补南北战争给南方造成的创伤，捐赠一百万美元建立了以他的名字命名的范德比尔特大学（即范德堡大学）。

巴菲特与比尔·盖茨是全世界最有钱的人，他们都不留财产给自己的小孩，而是要在生前捐出 99% 的财产做公益。

为子女留下财富，不如留下更多的知识，后代不一定能保留住财富，但他们可以用知识去创造自己的财富。

蔡志忠告诫父母们，无论留下什么给子女，都比不上让他们学会自立。人生于天地之间，自立自强才是人生最重要的课题。

据说犹太人临死之前，会祷告说："神啊！如果还有下辈子，请将我降生于贫困人家，让我有机会依靠自己的力量致富，独立走完人生之路。"

股神巴菲特曾对自己的子女说："你们能在我身上拿到一块钱美金就是走运了。"

因为巴菲特认为，把钱留给子女，会使他们变得没有出息。

犹太人认为每个人来此一辈子，应该自己赚取财富来证明自己。

赚钱是人生的义务

犹太谚语中有一句名言："会伤人的东西有三个，苦恼、争吵、空的钱包。其中最伤人的是空的钱包。"

金钱本身并没有善恶，有钱不是罪恶，但没有钱的确是一件不幸的事情。所以，我们必须重视财富，学习管理财富，更重要的是要学会正确地使用自己的财富。

犹太人语录："所谓富裕的人，是对自己的所有物能感到满足的人。"

一个人出生以来，赚钱养家是天经地义的事，不要谈到钱便脸红心跳羞于说出口。了解自己口袋里的筹码，赚钱养活自己，让家人生活得更好是自己的义务。

④ 赚钱兵法

蔡志忠用一生积累的经验，总结出一套赚钱兵法。他认为每个人都有能力证明自我，都有义务获得成功，都有权利做到成功、致富、快乐。

成功，是一种观念。
致富，是对自己、对家人的义务。
快乐，是一种权利。
如何才能赚钱致富呢？

与最优秀的人在一起

《塔木德》中说："与狼在一起生活，你只能学会嗥叫；和优秀的人接触，你就会受到良好的影响。"

微软共同创始人保罗·艾伦喜欢音乐和天文学，他经常沉浸于音乐和对天空发呆。他的父亲是华盛顿大学图书馆的图书管理员，这使他很容易接触到与计算机科学有关的图书。

艾伦很小就对计算机科学充满了兴趣，十五岁的他对计算机很痴迷，并学着编写计算机程序。他跟同学中的另一个计算机迷——年仅十二岁的比尔·盖茨成了好朋友，一同迈进了计算机王国，掀起了一场"软件革命"。

1975 年，他们共同创立了"微软帝国"，艾伦拥有 40% 的股份。微软已成为世界巨无霸，总经理比尔·盖茨成为世界首富，副总经理保罗·艾伦也名列富豪榜前五名，个人资产 210 亿美元。

有人说："没有保罗·艾伦，或许微软不会出现。如果不是托盖茨的福，艾伦不可能成为富豪。"

真相并非如此，艾伦是一个喜欢技术、专注于软件新技术和新理念的人。盖茨则以商业为主，是律师、商务谈判员及总裁。微软的两位创始人相互配合，掀起了一场"软件革命"。

比尔·盖茨说："有时决定你一生命运的就在于结交了什么朋友，跟你交往的人极可能就是你的未来。"

机会不会从天上掉下来，而是人自己创造出来的。比尔·盖茨与保罗·艾伦互相决定了他们两人的未来。

与优秀的人在一起，优秀将成为一种习惯。跟优秀的人相处，会带来更好的机会。

时效比什么都重要

独特的眼光比知识更重要，做生意的基本原则是正确判断时机。

学生问智者："什么是人活在世上最大的恶？"

智者说："错失时效是人生最大的恶！"

有一次，蔡志忠跟一位好朋友说："成功就是，对的人，在对的时间，做对的事。"

有时候不对的人，在对的时间做对的事，也能赚取财富。

例如，股票从2000点涨到12000点的那两年时间，任谁进场买股票，都能赚到钱。

当时机不对时，对的人不会在不对的时间去做不对的事。

当时机对了，对的人一定会在对的时间做对的事。

比尔·盖茨来不及念完哈佛大学一年级，就出来创办微软。贾伯斯根本没到大学注册缴学费，就开始成立苹果计算机公司。

因为他们都知道：最大的罪恶是错失时机，实时创办微软、苹果公司比大学文凭重要！

时效比努力、毅力重要。

股神巴菲特说："在拖拉机问世时做一匹马，或在汽车问世时做一名铁匠，都不是一件有趣的事。"

人要在对的时机扮演对的角色，如果走在错误的路上，奔跑也没有用。

蔡志忠之所以成为现在的蔡志忠，也是因为在对的时间做对的事。

三十年前，蔡志忠决定画"漫画诸子百家"系列，正逢中国开始关心自己的文化，西方国家也开始关注东方思想，所以才会反响热烈，全球有四十五种版本。这个例子正是"对的人在对的时间做对的事"的很好的印证。

在对的时机，大张旗鼓地卖力赚钱。

经济萧条时，不如暂时鸣金收兵。

北极熊、美洲灰熊趁秋末鲑鱼返乡之际大吃特吃，积累两英寸厚的脂肪。冬天气温降低，陆地冰封，它们便进入冬眠。

因为它们知道，为了取得热量，当支出大于成本时，不如回家睡觉。

财富要开源

财富要开源，不是靠节流。钱是赚出来的，而不是节省下来的。

卡恩站在一个百货商场门口，目不暇接地浏览着色彩缤纷的商品。这时，他身边走来一个衣冠楚楚的绅士，嘴里叼着雪茄。

卡恩恭敬地走上前，礼貌地问绅士："您的雪茄很香，好像很贵吧？"

"两美元一支。"

"哇！您一天抽几支雪茄？"

"10 支吧。"

"天哪！您抽雪茄多久了？"

"四十年前就抽了。"

"什么？仔细算算，您要是不抽雪茄，那些钱足够买这幢百货商场了。"

"那么说，您也抽雪茄吗？"

"我才不抽呢。"

"那么，您买下这幢百货商场了吗？"

"没有啊。"

"告诉您，这一幢百货商场就是我的。"

超级富豪说："如果你做别人做的事，你最终只会拥有别人拥有的东西。"

富人最大的一项资产就是他们的思考方式与别人不同，有商业眼光、生意头脑、与众不同的独立思考，才是富人最大的资产，而不是银行账户的数字。

富豪说："最努力工作的人，最终绝不会富有。如果你想变富，需要的是独立思考，而不是盲从他人。"

只靠不抽雪茄无法买百货商场，赚钱致富靠智慧，不是靠节俭。

开源比节流重要，不是因为花费才没有钱，而是因为没有持续的收入。

有个"秃头理论"说，人每天都会掉头发，造成秃头的原因不是掉头发，而是不再生长头发。

大树每天掉很多叶子，但越长越茂盛，因为新长出来的叶子比掉的叶子还多，所以致富的关键在于如何开源，而不是节流。

时间比金钱重要，我们能储蓄金钱，却不能储蓄时间。

能跟别人借钱，却无法借时间。

很多人想通过节俭存更多钱，却为了节俭浪费了更多时间。例如，购物花很多时间只为了节省几块钱，却浪费了很多时间。通过节俭或吝啬的确能使自己的钱多一点，但变得很有钱，还得花很长很长时间。

想成为富豪，要正确判断时机、利用智慧，这样赚钱就不会太难，而不是靠吝啬、节俭。

只把钱用在该用的地方

《塔木德》中说："对钱财必须具有爱惜之情，它才会聚集到你身边，你越尊重它，珍惜它，它越心甘情愿地跑进你的口袋。"

有一天，洛克菲勒跟秘书借了 5 美分。当他还秘书 5 美分时，秘书不好意思要，洛克菲勒说："记住，5 美分是一美元一年的利息！"

连锁商店大王克里奇，他的商店遍及全美 50 个州和国外很多地方。他的资产数以亿计，但他的午餐从来都是 1 美元左右。

早赚比晚赚重要

钱不是要赚得多，而是要赚得早！

蔡志忠说，他认识很多白手起家的企业家，五十几岁时就赚得几百亿财富。

由他们的生活作息来看，具有这么多钱其实也不怎么样！

但如果一个年轻人二十岁时就赚得一千万，那便有很大的不同！

因为他会成为师长、同学、媒体和众人的焦点，所有的机会便会落在他身上。

及早有钱可以令你在该做的时候有能力做，在不应该做的时候有能力不做。

赚钱兵法

赚钱兵法一：东西比别人好，价格比别人低。

蔡志忠分享了这样一个案例：

二十世纪九十年代，有一个几代务农的农民看到改革开放时代已经来临了，便把家里的族产卖了，到都市做生意。

由于当时正流行牛仔裤，他选择做牛仔裤生意。自己没有品牌，所以他采用一个策略：做出来的牛仔裤，质量比别人好，价格比别人低，到几万人的工厂福利社卖给女工。

由于东西好、价格便宜，便有很好的口碑，他所生产的牛仔裤便卖得很好。他掌握了产品好卖的原则——质量比别人好，价格比别人低。

赚钱兵法二：材料要少，价格要高。

生意做大了便常跟同行往来，这时他发现有人只用两小块布料所生产的内衣，价格竟然比牛仔裤还高，他想通了做生意赚钱的最大原则——材料要少，价格要高。

于是，他改行做内衣，还是按照从前的原则，质量比别人好，价格比别人低，到几万人的工厂福利社卖给女工，果然生意非常好。

后来他又发现，别人做卫生巾生意，材料只是纸，连布也不需要，生意好过内衣。因为女工买了一件内衣可穿半年以上，但每个月需要很多卫生巾，于是他便不想做内衣，改做卫生巾。

他早就知道做生意赚钱的最大原则——材料要少，价格要高。

他发现国内没有人做卫生棉条，卫生棉条比卫生巾材料要少，价格要高。他便到日本研究卫生棉条的制作方法，并进口机器开始生产质量好、价格高的卫生棉条，同样也是到几万人的工厂福利社卖给女工。

因为他早知道：有了好的通路，卖什么都行。

后来他又做餐厅的餐桌纸，发明可以洗了重复使用的纸，其公司成为国内最大的纸制品公司。

赚钱兵法三：质量好，效率高。

蔡志忠说，他一生做过电视台美术设计、漫画、动画……他发现做任何行业只要掌握两个原则便能无往不利：

做出来的东西比别人期待的还要好。

自己的效率要高。

只要确实做到以上两项，无论做什么都会有很高的收入，少了其中任何一项，必然做不长久。

纵观以上故事，我们便可掌握几项重要的观念：

东西比别人好，价格比别人低，便能卖得很好。

材料少，价格高，便能获利很多。

质量好，效率高，便能无往不利。

⑤ "乘法哲学"

即使一张 1 美元钞票，犹太人也能卖 2 美元，甚至 10 美元。

如果你有 1 元钱，却不能做成 10 元甚至 100 元的生意，你永远成不了真正的企业家。

蔡志忠说，当年跟他合资拍《七彩卡通老夫子》动画电影的大股东胡树儒，在香港从事商业广告影片制作。胡先生跟他聊天时，教他一个很棒的观念——"乘法哲学"。

胡先生说："接一部广告片，花一段时间拍好，赚一些钱。然后一切重来，再接一部广告片，再花一段时间拍好，再赚一些钱。拍广告片是用时间去换些钱，这是加法，1+1+1+1……"

"做生意就是这样啊，又能怎么样？"

"拍电影是乘法，一部受欢迎的电影，可以卖出版权，甚至可以发行全世界，这便是乘法，1×5 或乘以更多更多。"

"哇！这个理论不错。"

胡先生说："人的一生很短，只做加法成就有限，所以应该做乘法。"

蔡志忠把这套理论称为"乘法哲学"，这个观念也深入他心，所以后来画漫画《庄子说》时便决定画整套的"漫画诸子百家"系列，并在第一时间推广到全世界，这便是"1×22×49=1078"的"乘法哲学"。

⑥ 成功藏在拐弯处

优秀赛车选手往往在弯道超越对手！每个人的人生转折也都在弯道上，如果我们把人生剧变看成挫败，便不会意识到弯道是个机会，并把握住这个机遇。

美国电影明星克里斯托弗·里夫因主演《超人》中的英雄，而一夕爆红，成为国际巨星。1995 年，他参加了一场马术比赛，摔断颈部椎骨而瘫痪了。

他非常沮丧。有一次他的妻子达娜开车载他回家，经过一个弯道时，他突然悟出人生真理：任何人在人生道路上必须经过很多弯道，才能抵达目的地。

于是他重新奋发，成立了研究中心，致力于脊髓损伤治疗研究，本人也到处演讲。他也没放弃演艺事业，不仅自己担任导演，还于1998年参加《后窗》的演出。年轻时他在银幕扮演超人，而他自身也是个伟大的英雄。

蔡志忠说，没有解决不了的问题，问题存在就是为了解决它。不经历风雨，怎能见彩虹？不要轻易原谅自己，任何事都要定下标准与完成时间。

⑦ 成为厉害角色的秘密

坚守本业

有一次，蔡志忠跟几位漫画家一起作为漫画比赛评审，其中一位知名漫画家请教他道："如何靠版税收入以养家？"

蔡志忠说："创作作品不能东画一本、西画一本，旅游日记，儿时回忆，心情故事，画各种类型漫画随自己高兴。而是要像经营企业一样，长期打造某一种产品，精益求精地出版一系列漫画作品。"

全球著名品牌，任天堂、微软、奔驰、丰田、麦当劳都只专注于某个领域，始终在自己行业里，越做越深，越做越大。画漫画有如打造百年企业，坚守本业，始终如一。

日本最有名的浮世绘大师之所以成名，是因为他们专画属于自己个人风格的主题。例如，喜多川歌磨画"庶民美人画"系列，葛饰北斋画旅行话题《富岳三十六景》，歌川广重画《东海道五十三次》，东洲斋写乐画风格独特、笔法夸张的役者绘。

蔡志忠建议，无论我们做哪一行，都要向经营企业一样坚守本业，打造百年老店，将自己的本业做得精益求精，不能生产汽车又生产饮料、洗发水。

成为厉害角色的秘密

一个人如果找到了人生焦点，他便会排除不必要的一切，专精于一，将整个身心投注于焦点之中，这就是他最厉害的时候。

除非来自我们内心的原欲，否则，刻意的认真、努力、毅力都不会长久。

当一个人疯狂做某一件事，或极力朝向某一个目标，由于成果非凡而感到身心非常愉悦时，他会猛然顿悟出成为厉害角色的秘密！

成功者的秘密就是自己真正体悟：
是成就激励了我们自己的心，能勇往直前，朝梦想前进，不需要刻意，当制心于一处，疯狂做某一件事时，不累，不饿，不困，不病，不死。在事情没完成之前，连死神都怕他。
于是，他的智商增加50%，工作时间增加两倍，效率高出十倍百倍，任谁都挡不住他成为一个超级厉害的角色。

苹果公司的CEO蒂姆西·库克每天早上3点45分起床，一直工作到深夜。每天第一个到达办公室，最后一个离开。
雅虎公司的CEO玛丽莎·梅耶尔在谷歌时，每周工作130小时。

玛丽莎说：“没有什么是不可能的，只要你能忍受在桌子底下睡觉，在洗澡时分秒必争，就不成问题。”

脸书创办人马克·扎克伯格说：“别人睡觉了，我还在熬夜；别人下班了，我还在工作。”

爱立信公司的 CEO 卫翰思通常会在办公室夜以继日地工作，对他来说，没有白天和晚上的概念。有媒体将他形容为“疯子”。

制心于一处，无事不成！对于一心想完成事物的人，完成梦想比睡觉有趣多了。

蔡志忠说，从 2015 年 5 月 5 日开始，他看了超过三千万个文字，详读了这一百年来欧美、日本的成功企业家创业史，以及近五十年来计算机网络 IT 产业的发展史。

从过去几百位白手起家的企业家：洛克菲勒、卡耐基、摩根、松下幸之助、盛田昭夫、比尔·盖茨、史蒂芬·乔布斯等人的创业成功故事中，他发现：成功不是自己要比别人更努力、更刻苦，而是要选择自己最拿手、最喜欢的事物长久坚持去做，你终会完成这件事情。

十个改变自己、成为厉害角色的要件

1. 好学不倦；
2. 坚持做自己喜欢的事；
3. 对自己所做的事痴迷；
4. 自知之明；
5. 绝对专业；
6. 逆向思考；
7. 颠覆思想；

8. 从一个热潮看出不同商机；

9. 培养赞美别人的美德；

10. 养成节俭的习惯。

及早自己赚钱会养成终生节俭的习惯

大多数白手起家的成功企业家都出身于贫困家庭，他们成为超级富豪之后，还是终生勤俭，原因在于他们从小便开始自己赚钱。

蔡志忠回忆，自己在还没上小学之前，为了拥有一个铅笔盒，便开始找机会赚钱。到乡下小工厂剥龙眼干，大概要花三天才能剥一斤龙眼干，赚 3 块钱，他剥了一个多月共赚了 16.8 元。

从此，他便养成生活很节俭的习惯，每当要花两块钱时，便会想到工作两天才能赚得这些钱，于是便打消主意舍不得花钱。

一个年轻人还没学会赚一分钱，便已养成花钱买名牌的习惯，他的人生等同起步于负面。爱自己的孩子不是给他钱，而是及早让孩子学会自己赚钱，于是他便会养成终生节俭的好习惯。

❽ "死而不亡" 才是真成功

成功是留下让后世人获益的东西

很多人都误以为有钱、有地位就是成功，所以常常看到很多有钱的大老板摆出一副成功人士的样子，傲视他人。

刚采访完企业大老板又来采访蔡志忠的几位媒体朋友，对蔡志忠说："实在受不了他财大气粗的模样。"

蔡志忠说："我请你们喝咖啡，又送你们画，大老板又没送你股票，凭什么傲视别人？"

有钱人常常连自己都善待不了，很多有钱人不善待家人，不善待众生，即使有钱有地位，也留不了自己的大名。

成功不是生前聚集了多少财富，地位有多高。而是在世时所取得的成就，让多少人受益多长时间。是让后世人受益的事物使他留名的。

例如，北宋张择端花十年时间素描来往开封市的人群商队，画出了《清明上河图》。张择端的大名便传世千年。

北宋王希孟年少时便进入宫廷画院翰林书画院，十八岁时画出青绿山水长卷《千里江山图》，王希孟的大名便成为中国绘画史的一部分了。成名是依附在他所做的事物上的。

"白日依山尽，黄河入海流。欲穷千里目，更上一层楼。"《登鹳雀楼》这首短短二十个字的诗，让王之涣留名千年。只要人们还记得这首诗，王之涣的名字便会在世间流传。

蔡志忠画过漫画唐诗宋词，原本他不明白李白为何在《将进酒》中写"古来圣贤皆寂寞，唯有饮者留其名"？为什么只有饮者才能留其名？

后来他从杜甫的《饮中八仙歌》——"李白斗酒诗百篇，长安市上酒家眠。天子呼来不上船，自称臣是酒中仙"——中，才明白李白的意思：酒壮诗情，诗助酒兴。"有诗百篇，创作出传世作品，创作诗词的人才会在历史上留名！"

历史上有很多类似都江堰的水利建筑，但由于都不存在了，是谁兴建的也无从追查。

由于成都都江堰至今还在岷江发挥巨大效益，李冰父子的庙宇还在岷江右岸的山坡上受人膜拜。李冰父子是因为他们为人民所造的都江堰才留名的。留名万世只有一种方法，就是做出益利后世的事，是我们做出来的事让人留名千古的。

回顾我们所熟知的古圣先贤，他们几乎都是创作者，他们的大名是随着作品留传至今的。

一棵树长得很高大，长得很好，不是为了我们，但我们因它而受益，这才是真正的功德。

例如，有很多位媒体朋友跟蔡志忠说："你画的漫画'中国思想'，让我们获益良多。"

他总是回答："其实我只是爱画漫画，爱到没画会死的地步而已，跟读者没有关系。"

蔡志忠从小爱画漫画，把漫画画得很好，这纯粹只是出自内心对漫画的狂热，但书出版之后很多人因此而受益，这才是功德。

你唯一拥有的，就是沉船时你不会失去的东西。
智慧是别人夺不走的财富。
你唯一带得走的，是你去世后大家还记得的东西。
蔡志忠强调，我们应该尽可能留下自己的智慧，让后人受益。

我们的生命其实是有限的，我们这辈子不是要换取名利，换取财富，这些都带不走的。成功就是我们做出了什么事情，让多少人获益，而这件事情使我们的名字附着在上面。

有名有钱是副作用，不是追求的本身。

蔡志忠说，他一直很喜欢一个故事。有一天黄昏，佛陀带一群门徒走过恒河边，他蹲下来从地上抓起一把泥土，回头对门徒大声说："我手上的土多还是大地的土多？"

当时夕阳满天，据说很多门徒就在那时悟道了。生命如此美好，也如此短暂，人一生中能抓得住的名、利、权又有多少呢？所以我们不把名、利、权的获得当作成功的定义。

每个人的一生其实都是由自己的决定而走出来的。有的人终其一生穷困、失败、痛苦……而在事后诿罪于天地、诿罪于时空、诿罪于他人。其实每个人可在人生出发之前，先拥有对成功、致富、快乐的正确理解，然后再奋力地踏步向前走，走出一条有如彩虹般多彩艳丽的人生。

最高境界的三个层次

蔡志忠告诉我们，人来到这世上得工作营生，但完成事情的最高境界有三个层次：

1. 当一个人在做自己最拿手、最喜欢的事时，猛然察觉原来完成事情不是工作而是人生最高的享受。其中没有努力、毅力、刻苦这回事。

这时他便发现人生的最大秘密：制心于一处，独自做自己喜欢的事情时，永远有用不完的精力，只要一醒来，便急着继续前进。

2. 于是便禀除一切，排除心中焦点之外的所有事物，身心内外化而为一，仿佛全宇宙唯有自己存在。

3. 以这种状态做事，无论做什么，没有不成功的。完成梦想只为达成心中的大愿，名利只是完成梦想的后遗症，而非当初的目标。

蔡志忠认为，全世界把自己活成最有价值的人是瑞典科学家诺贝尔，诺贝尔留下大约 7 亿人民币。但从 1900 年以来，颁发了 1000 个以上诺贝尔物理学奖、化学奖、生理学或医学奖、和平奖、经济学奖等，对世界科学、医疗、经济做出了多么伟大的贡献。

世间的事很奇妙，你不要什么，却反而会得到什么！把此生用不完的钱留给世人，看起来像是为天下人做善事，但最终结果则刚好相反。

毫无疑问，当初卡耐基与诺贝尔去世之前决定将财富捐出来，纯粹只是为了社会大众，却反而成就了自己。而他们也从人生的三个境界进入第四层——开悟人生的最高境界。

我们或许没有能力留下财富让后人获益，进入最高境界的第四层，但每个人都有能力达到第三个层次，找到自己最拿手、最喜欢的事物，制心于一处，发现人生的最大秘密——"完成事物，是人生的最高享受"。

每只毛毛虫都能蜕变为美丽的蝴蝶，每个人都能实现自己心中的梦想。

但在这之前得先了解什么是自己的最爱，然后规划自己的人生蓝图，无悔地持续向前达成目标，自由飞翔于三维空间。

第八章
教孩子在关系
中游刃有余

① 学会情绪管理

蔡志忠回忆，小时候上道理班时，天主教传道士告诫小教友们，不可骂人，不能讲脏话，并规定不可以犯骄傲、悭吝、贪婪、愤怒、懒惰、说谎、偷窃等罪（把"七宗罪"中的暴食、色欲改为小朋友容易犯的说谎、偷窃）。如果犯了其中一条，星期天办告解时必须跟神父坦白认错。他说，他小时候很听话，所以养成了一辈子不讲谎话和脏话、不愤怒、不悭吝、不贪婪、不懒惰、不骄傲的习惯，也几乎完全没有情绪。直至今日，在所有开过的公司中没开过会，没发过脾气，没骂过员工。

情绪是一粒老鼠屎，只会坏一锅粥。要让自己和孩子学会管控自己的情绪，拥有推己及人的同理心和包容力。别喜形于色，平静与激动对决，激动者早就输得很彻底。维持身心平静，没有情绪才是最高修行。

教孩子在倾听时，保持专注、微笑或平静，别人话没讲完之前千万别插嘴。

不要负面思考

如果你觉得今天运气与身体状况都很差，那么你的身体会反映出你心里所感受到的样子——今天真的运气很差，身体状况也真的感觉很差！你的身体不知道这不是你的本意。

父母要带领孩子在更高维度的视野下，思考和规划人生。不要负面思考，学会将任何事情转化为正项的思考。人生就像一条大河，其间所有的转弯和曲折都是为了让大河流得更长更远。

❷ 善待家人

爱常被夸张

爱和恨常被夸张。

夫妻对子女教育的问题，常是家庭不安宁的主因。

想想，当我们离开人世之时……生命中最重要的人只不过五到十人：父母、夫妻、子女、师长、好友。

别人犯了大错时我们都不以为意，为何不能原谅至亲的一点点小错？

爱不是控制

父母要的是控制，用的是爱的名义。

常听父母说："我这么爱你，你怎么可以如此对待我？"

其实这大多是父母觉得失去了对子女的控制的另一种说辞。

不要用鞭子诉说你的爱，爱有它自己的一套语言。

爱要以行动来表白，行动才是真爱的语言。

真爱没有条件，爱不是一门生意，不讲投资回报率。

一切都是为了爱

一切都是为了爱，其他只是无谓的细节。

爱自己是人生第一智慧，

爱自己，人生才活得精彩。

爱自己，才能爱别人。

如果连自己都不爱，还有谁会爱他？

爱是什么？

爱，是授予心。心在授里面。

爱要用行动证明，超越思想，超越语言。

婚姻是爱的结局，但不保证结局美满。

爱是了解她的心

一把大锁锁住铁门，铁杆费了九牛二虎之力，还是无法将锁撬开。

一把小钥匙来了，钻进锁孔轻轻一转，大锁就打开了。

铁杵问小钥匙："为什么我费了那么大力气也打不开，而你却能轻松打开呢？"

小钥匙说："因为我了解她的心。"

了解女人的心，才能打开女人的心锁！

女人是用来赞美的

好听话的比巧克力受欢迎，而且容易获得。

爱的反面不是恨，而是冷漠。

恨是爱没获得满足，冷漠则无关于爱。

❸ 人际关系是可以打造的

交际本领是无价之宝

蔡志忠说，人是社会性动物，一个人跟别人相处不好，成就一定不大。

交际本领，等于具有外界无限潜能。

山峰永不相遇，而人却时时相逢。

戴尔·卡耐基说："一个人的成功，15%取决于专业本领，85%取决于人际关系与处世技巧。"

专业本领只能带来一种机会，交际本领能带来千百种机会；专业本领只能用自己的能量，交际本领能借用外界的无限能量。

美国普林斯顿大学曾对一万个人事档案进行分析，结果发现：专业技术、知识、经验只占成功因素的 25%，其余 75% 取决于良好的人际关系。

人际关系的好坏，取决于交际本领的高低。

知己知彼，才有自知之明

无论我们是否愿意，人必须生活于群体之中，无论我们做什么，都跟别人有关系。念书、考试完全靠自己，毕业后到社会工作则像参加篮球比赛，需要团队通力合作。

蔡志忠说，要想成功，就必须有一个好团队，处理好人际关系，仅凭个人能力难以成就事业。因此，人在社会上要知己知彼——了解别人，了解自己。

蔡志忠回忆，小时候他常跟妈妈去看歌仔戏，有时候，两个剧中人物对话半途中，其中一位发现情况不对，会走到舞台前方对观众说："哎呀呀！且慢，其中必有缘故。"然后再回去继续演。

长大后，他学会了这招，跟别人交往过程中发现情况不对，要警惕其中必有缘故！有如下象棋，敌方下一着棋，必须先想通他的意图，真正明白了，才开始思考应付对方的方法。

了解对方，是沟通的良好开端，知道别人最在意什么，别人的意愿就会在你的把握之中。

分析人的各种类型可以知己知彼，知道自己的缺点可以及早改正；知道他人的优缺点，便能及早想出应对的方法。

把握做人之道

做人要做到主动积极、纯洁善意。

《论语》中记载，曾子曰："夫子之道，忠恕而已矣。"

"忠"就是尽可能扮演好任何当下的角色，做自己做到止于至善。

"恕"就是跟别人相处，要站在对方的立场思考，易位思之。

"仁"就是做自己做到止于至善，做到最好。跟别人相处共事，站在对方的角度换位思考。把"忠""恕"做到极致就是"仁"，"仁"是阴阳、正负、天地、上下、男女、长幼、尊卑一律平等的和谐关系。

一个人若能够以"忠、恕、仁"作为自我要求，定能做到凡事尽心尽意，问心无愧。

说话的艺术

苏格拉底说："说出去的话像射出去的箭，再也收不回来。"

如果我们没有甜蜜的嘴巴和好口才，至少保持平静安详不说话，以免害了自己。

荀子说：君子与问者对话，问一答一，不问不答。

别人不问，自己却去告诉他，这叫作急躁。

别人问一件事，自己却告诉他两件事，这叫作唠叨。

急躁不对，唠叨也不对。

君子回答别人，问一答一，如同回声回应本声一样。

因此和那些不可与之交谈的人交谈，叫作浮躁。

不和那些可以与之交谈的人交谈，叫作隐瞒。

交谈时不观察对方表情，叫作眼盲。

所以，君子不急躁、不隐瞒、不眼盲，而是谨慎地对待前来请教的人。

说话要有三步骤：

出人意表的开场、货真价实的重点与漂亮的结尾。

说话的六原则：

1. 举例或引述故事是最好的诉说方法。运用情境说故事，说话要有画面感。

2. 说话要注意节奏，凡事皆有定时：不该说话时不说话，该说话时要说话。

3. 不说假话，只说真话。假话真话都不想说时，不说。

4. 对于不知道的事别发表意见，因为只要一张口就会被看穿自己的无知。

5. 我们不说话不会被当成哑巴，我们一说话就会被发现自己是傻瓜！

6. 该说时能说会说，是高明。不该说时不说，是聪明。知道何时该说，何时不该说，是智慧。

❹ 分享资源，共同合作

资源交换

除非我们是别人的资源，别人的资源才会为我们所用。

分享资源，共同合作。
对悟者而言，太阳不升也不落。
对悟者而言，太阳永远在正当中。

站在巨人的肩膀上，能看得又高又远。
跟低水平的人在一起，会被归为同类。

无论我们有多强悍，光凭自己的两个拳头，也赢不了一整个队伍！

同类相聚产生不了化学变化，属性不同的结合，才能产生奇迹。

合作愉快

旷野有两个人快饿死了，神分别给他们一根鱼竿和一篓鱼。

得到鱼竿的人艰难地走向海边，可惜还没看到大海就饿死了。

得到鱼的人原地烤鱼吃，几天后他也饿死在空鱼篓边。

同样地，有两个人快饿死在旷野，神分别给他们一根鱼竿和一篓鱼。两人开会协商，同意一起走向海边，每天只吃一条鱼，终于抵达海边一起钓鱼。

从此两人便以捕鱼为生，合伙做生意。

哲学家叔本华说，单个的人是软弱无力的，就像漂流的鲁滨孙一样，只有同别人在一起，他才能完成许多事。

善意无敌，纯净的善意是制服对方的最厉害的武器。

与人为善，最后受益的会是自己。

第九章

生命跃升的
大智慧

❶ 进入"天堂"之境的秘诀

置身于极乐"天堂"

人生一开始，最主要的任务是寻找自己的"天堂"，把自己摆在对的位置上。以挚爱为业即是"天堂"，然而每个人对"天堂"的定义不一样。

天空是鸟的天堂，深渊是鱼的乐园。
如果我是鱼，深渊便是我的天堂。
如果我是鸟，天空才是我的乐园。

哀莫过于错认自己的角色：
鱼自以为自己是鸟，鸟自以为自己是鱼。
天堂就在凡间，红尘即是彼岸！

天堂与地狱同样都在人间。
让鱼当鸟、让鸟当鱼，这就是地狱！
让鱼当鱼、让鸟当鸟，这就是天堂！
把自己摆在对的位置上，就是置身于天堂！

练就无中生有的超能力

对于蔡志忠来讲，无中生有很容易。

他每天凌晨一点起床，全力以赴地投入工作，行云流水，速度飞快无比。时间像一股甜蜜流水缓缓地通过整个身心，这时他感受到生命真是美妙，像是置身于天堂，这种至乐之境难以用语言形容。

如果我们选择自己的最爱作为职业，又能愉快地胜任，心灵的收获是物质所不能比拟的，所以很多艺术家居陋室而不改其乐。

2012年12月26日，蔡志忠从杭州回中国台北，大块文化出版社主编来电说："蔡老师，你不是答应我们，有一套书让我们在台北书展时出版吗？"

蔡志忠说："有吗？我答应了哪套书？"

主编说："漫画'达摩四论'四本书。"

他说："台北书展是什么时候举行？"

主编说："明年1月30日。"

他说："还有34天时间，我什么时候交稿，你们才来得及？"

主编说："明年1月3日，一个礼拜后交稿我们才来得及。"

他说："一个礼拜画四本书，我试试看。"

蔡志忠处理一下私事，第二天早上开始画漫画《达摩悟性论》《达摩血脉论》《达摩破相论》《达摩二入四行论》四本书。

他每天凌晨一点起床，全力以赴地投入全新的工作，速度比想象中的还要快。

十天以后，他终于完成了整整六百页的"达摩四论"，虽然慢了三天，但还来得及在书展前出书。

由于他已经处于创作高原，不想终止，于是接着画其他佛学漫画，到七月中旬整整画好十四本新书。

❷ 打开第三只智慧之眼

绽放理性之光

当初，由于爱因斯坦反对波耳对量子力学的概率说法，他说了一句很有名的话："上帝是不掷骰子的！"

有一次，纽约一个天主教机构想请他演讲，但又质疑他的信仰。于是写信问他对上帝的看法。

爱因斯坦回信说："我所信仰的上帝，就是宇宙中那股冥冥的理性力量。"

本书所提到的"神"也如同爱因斯坦所说的一样，"神"即是生命的奥秘，是宇宙世界存在运行的本质。

智慧是宇宙中最珍贵的钻石。

打开第三只智慧之眼

蔡志忠说，所有的宗教都是在教人家好的，目的是让一个人无论遇见什么样的情境，都能够身心安顿。

一般人境界很低的时候，会觉得都不太一样，就好像在山脚下，看到的都不一样；当到了半山腰，看到的很多东西是一样的，也有很多不太一样；当到了山顶，几乎所有人看到的都一样。分别只是人的眼力不一样而已。

思维是额头的第三只眼，能让你看清未来。心纯洁如明镜时，不断追问自己，清楚自己在干什么，到底为什么要去做这件事。你不知道做事的意义，就会迷失方向，被大千世界所迷惑。

智慧在哪里？

一个青年人到森林跟婆罗门学梵学，几年后他学成回家，对父亲说："父亲！我得到真理了。"

父亲对他说："真理存在整个世间。"

父亲又说："去拿一桶水和一包盐来。"

儿子取来一桶水和一包盐。

父亲说："把盐放进水桶里。"

儿子把盐放进水桶里，将水桶摇一摇。

一刻钟之后，父亲说："把盐包取出来。"

儿子说："是的，父亲。"

儿子取出盐包后惊叫："盐包里完全没有了盐。"

父亲说："尝一尝桶子上面的水。"

儿子说："嗯！咸咸的。"

父亲说："尝一尝桶子中间的水。"

儿子说："嗯！咸咸的。"

父亲说："尝一尝桶子下面的水。"

儿子说："嗯！咸咸的。"

父亲说："人面对任何际遇要如同一包盐融入一桶水一样，盐消失了，但化为了整桶水的咸味。盐消失了自己完全融入整体，但没有哪一部分不是自己。时空法相是自己光明，时空法相在自己光明里。"

儿子说："哇！我明白了。"

父亲对他说："真理存在整个世间。"

我们只能融入真理

那罗陀对他的老师说："老师，我读完全部的《吠陀经》，我已经通晓一切了。"

他的老师说："你读到的只是经典的名字。"

那罗陀说："什么东西胜过名字？"

老师说："语言胜过名字，语言使人了解真假善恶，了解真实。"

那罗陀说："什么东西胜过语言？"

老师说："心胜过语言，心是自我，心是世界，心是梵。"

那罗陀说："什么东西胜过心？"

老师说："意志胜过心。"

那罗陀说："什么东西胜过意志？"

老师说："思考胜过意志。"

那罗陀说："什么东西胜过思考？"

老师说："默想胜过思考。"

那罗陀说："什么东西胜过默想？"

老师说："领悟胜过默想，领悟之后才会得到智慧。"

那罗陀说："是的，老师。"

老师说："经文的文字不是智能，它的语言内容也不是智能。要经过心的吸收，通过意志、思考、默想得到领悟，才能成为自己的智慧。"

真理像一粒融入水中的盐，摸不到，看不到，拿不着，但水中处处都存在着真理，处处都尝得到真理的滋味。你无法得到真理，你只能融入真理。

真理藏于微妙的本质里，虽然看不见，但事实上却有这种东西。就像榕树的生命，实相里面是空的；就像盐溶于水中。从里面看不见，从表面也看不见，你只能亲自去体会。

小波浪的觉悟

大海中小波浪对大波浪说："我好痛苦啊！处处不如人，别的浪那么大，而我这么小；有的浪境遇那么好，而我的境遇那么差。"

大浪说："你没看清你的本来面目而自以为是浪，所以才会痛苦。"

小浪说："我不是浪吗？那我是什么？"

大浪说："其实你是水！波浪只是你短暂的现象。"

小浪说："我是水？"

大浪说："当你认识清楚你的本体是水的时候，你就不会再为波浪的形体所迷惑，你就不会痛苦。"

小浪说："我明白了！我是水，你也是水，我就是你，你也是我，你我都同为一个大我。"

在宇宙中，人是什么？
对无穷而言，人是空无。
对空无而言，人是一切！

人站在无穷与空无之间，紧紧握住刹那、当下、瞬间！
如果人无法融入于当下、眼前，那么他就是个不了解生命实相，而轮转于痛苦烦恼的此岸众生。

心中无念，即是智慧

学僧问大珠慧海禅师：“智慧能向外求吗？”

大珠慧海说：“智慧无法往外求得。”

学僧问：“智慧既不可得，为何你说唯念是智慧？”

大珠慧海说：“智能无实体，不由哪里来，不往哪里去。智慧不可得，心中无念，不生善恶分别，即是智慧。”

面对不同情境时，不站在自己的立场去分析际遇的好坏顺逆，只是无我地随着变化而变化，而没有变化中的那个我存在，就是开悟者最高的智慧。

❸ 真正的障碍是自我

痛苦来自哪里？

你痛苦吗？

每个人都有痛苦的经验，每个人都有令自己产生痛苦的问题存在！

你是否知道自己的痛苦从哪里来？

苦来自事情发展得不如己意！

但是我们自己的想法和期待是合理的吗？

人期待情境发展成自己所想要的境遇，人也不希望遭遇自己不想要的境遇。

我们常错估形势，也因此事物发展得不像我们所期待的样子。

然而别人和外在的事物发展，并不是都会配合我们自己的想法和期待！

大自然有自己的法则，天地不仁，自在运行，平等无差别对待众生。

世界只是世界！它不会依我们所期待的样子发展。

一切都在变化……外在的事物在变化，我们的心也随时在改变想法。

永恒只存在人的贪念里，宇宙中没有不变的事物存在。

无明是痛苦的原因！

一切不如实知，不了解生命的实相，于是才产生了痛苦。

痛苦通常都来自自己永无止境的贪欲与渴望！

痛苦来自人的错误执着！

而我们自己真的需要这些渴望、贪念吗？能获得满足，才算快乐、幸福吗？

你曾经为自己应如何过此一生，做过最深层的思考吗？

我们双手空空来到此世间，也将双手空空而离开世间。

我们有幸来此一生，难道只是为了换取那些带不走的名位、权势、财富吗？

每个人自出生以来，一定要自问：

我是谁？

我从哪里来？

我要去哪里？

我们因为思维才使自己与众不同，才使自己的一生不同凡响！

④ 用心若镜

用心若镜

生命跃升需要学习心法的调御，破除种种错误的价值观，重拾真如本性。

什么是使用心的正确方法？

就是把自己的心当成镜子：

事情未来时，不期待；

事情来时，完全如实反映；

事情过了之后，又恢复成空。

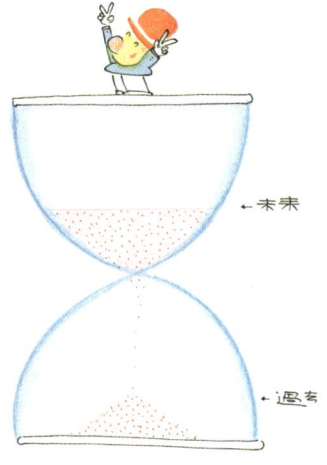
←未来

←过去

心完全融入当下、刹那、瞬间，没有以过去之心、现在之心、未来之心看待眼前的情境际遇。没有自我主观地感受际遇的好、坏、顺、逆之别。

这样的心便能达到：

竹影扫阶尘不动，月穿潭底水无痕。

像潭面不受月影的影响而骚动，心不会被不同情境、境遇所迷惑。

什么是空的最高境界？

眼生时无有来处，眼灭时无有去处。

如是眼不实而生，生已尽灭，有业报，而无作者。

我们使用心要如同镜子反映万象一样，无论境遇如何变化，只有完全顺势反映事情的行为，而没有行为的那个"我"存在。于一切相不念，常住不变易、无我、无我所，能够这样安住自己的心，便是空的最高境界！

所谓无相，就是没有站在自己的立场，分别眼前情境的好坏。

若想达到无我境界，必须跟镜子学习。行为最高准则的人，使用他的心像镜子一样，不期待，不追悔，事情来了完全反映，事情过了恢复成空，照一百万次也不会裂开。就算破到只剩一点点，或者葬了，蒙了尘，它用能照的那个部分，还是能照出完全的情境。照大便不觉得丑；照花不觉得美。我们的心要像镜子一样。

面对任何事物，不要站在自己的角度去看待，去反映，而是如实地过着每一刻。100%投入，心像镜子一样。然后就可以体会到，其实生命不需要那么多。

保持纯净的自己，把自己的心当作镜子去照别人，便能发现别人的心术。

说到人心应若镜，我忽然想起了《红楼梦》在结尾处的话——"好一似食尽鸟投林，落了片白茫茫大地真干净！"人在尘世几十年，用心投射出很多复杂的"剧情"，好似鸟儿抢食，自怜自艾，让自己在各种情绪苦痛中颠沛流离，退到人生将要落幕的终点来看，一切变得愚蠢可笑。到那时，真的发现人生"一切如梦幻泡影，如露亦如电，应作如是观"。若早一点学到把自己的心当作镜子，如实地反映每一个当下的面貌，这种生命的自在与洒脱，会令自己的人间就是天堂！

情绪是心的镜子

　　蔡志忠分享了自己的经历。2008 年 1 月 18 日晚上，他出席了第四届金龙奖颁奖典礼，直到节目尾声颁发最后一个奖项时，台上突然宣布：蔡志忠获得漫画终身成就奖！他在非常意外之下上台致辞，并接受了台上两组主持人的访谈，却是对答如流，一点也不紧张。

　　第二天起床，他视窗回想：一生当中，前一次紧张失措发生在多久以前？仔细回想大概是三十年前的事了！

　　他说，自己三十年来除了别人对他做了某件事令他不悦之外，好像再也没有紧张、害怕、恐惧、生气、愤怒等情绪。他发现虽然我们身处此岸，只要内心持有无我、慈悲、智慧、寂静四项珍宝，便能自主自在地抵达寂静的智慧彼岸。

　　我们看未满周岁的婴儿，除了本

能地要吃、要睡、要找妈妈之外，也是没有情绪。给他一条蛇，他也不觉恐惧。稍微长大之后，由其他小孩和周边事物渐渐感染世间习性，乃至慢慢有情绪产生。开悟的智者通过修行又回复无习性、无我执、无情绪的境界。

这也如同人生的三阶段：

见山是山；见山不是山；见山又是山。

用心若镜，对人的影响最大的是心的问题，一切本源只在一心，心正则一切正。心对了，世界就会对。

⑤ 随喜生活

其实一个人真正需要的并不多，有个地方可以睡觉，有东西吃可以不饿肚子，然后完全做自己想做的事。当你全力以赴去做一件事，没有不成功的。

不幸终究会过去

背对太阳，你只会看到自己的影子。

面对太阳，你便看不到黑暗。

快乐与痛苦是同一条路，只是方向相反，端看你朝向哪一方。

有人问一个老年人："为何你承受了这么多不幸，还能如此快乐？"

老年人说："'飘风不终朝，暴雨不终日。'不幸终究会过去，没有任何地方说过，不幸会一直停留而不离去。"

人生在世有苦有乐，忘掉已经发生的事实，勇敢地面对未来，否则我们将受害更深。

日日是好日

禅就是无我地融入时空，永远融入此地、刹那、瞬间，你的心像镜子一样，时时完全反映此时现状。

开悟的禅者没有时间观念，他无分别心地去看此时彼时，无论任何状态，永远是：时时是好时，日日是好日。

开悟的禅师在生命过程中，便深爱上生命，享受生命的美妙，善用自己的一生。

随喜生活

小和尚看到禅院草地一片枯黄。

禅师说："撒一些花草的种子吧。"

小和尚问禅师："什么时候撒种子？"

禅师说："随时。"

小和尚撒种子时，一阵风把种子吹走了。

小和尚说："不好了！种子被吹走了。"

禅师说："被风吹走了一些没关系，随性。"

小和尚说："反正被吹走的种子，多半是空的，撒下去也发不了芽。"

小和尚看到很多小鸟在啄食种子，又跑回来报告道："不得了！种子都被小鸟吃了！"

禅师说："种子很多，吃不完的，随遇而安。"

半夜一阵骤雨，小和尚说："师父，好多种子被雨冲走了！"

禅师说："种子爱到哪里就到哪里，随缘。"

春天到了，原本雪白光秃的地面慢慢地长出许多青翠的嫩芽。前院、后院、屋顶、墙脚到处绿意盎然。

寺院各个角落开满各色花朵，原本清澈雪白的冬色，变成五彩缤纷的春色，满山、满谷到处都开满了花朵。

小和尚高兴地跑回来，告诉禅师："师父！师父！花开满寺院各个角落，满山遍野，连没有撒种子的地方，都开满了美丽的花朵。"

禅师说："随喜。"

禅，即是觉悟之后的生活态度。

面对任何情境时，内心不生好、坏、顺、逆之别，只是随时、随性、随缘、随喜、随遇而安，心与境相应地顺其自然。

以这种心态处世，此时、此地、此刻就是天堂。

随不是跟随，是顺其自然，不怨怼，不躁进，不过度，不强求。

随不是随便，是把握机缘，不悲观，不刻板，不慌乱，不忘形。

"五随"就是珍惜一切。

回到当下，珍惜你与家人之间的缘分，珍惜生命，看清人生的本来面目，轻松随性地生活吧！

一生的感受

蔡志忠过着简单的生活，终生素朴守常。尽情融入当下，无所欠缺。他的座右铭是：多一事不如少一事，一动不如一静。

如果有人说："你真是超乎常人的努力认真。"

我想，蔡志忠会回答："我一生从没工作过，唯有的是梦想完成过程中的享受。"

如果你问他："你对自己的一生有何感想？"

他一定会回答："日日是好日，处处是天堂。"

唐朝药王孙思邈说："口中言少，腹里欲少，心中事少，自然睡少，有此'四少'，神仙欲了。"

意思是：少言、少食、少思、少睡，达成这"四少"，则能长命百岁。

蔡志忠还在"四少"中加了一个：少言、少食、少思、少睡、少穿。有此"五少"，神仙欲了。

第十章
人生的终极
目的与意义

① 人生的终极目的

人生就是生死过程

如果我们是黄河——河的源头是我们生之时；出海口是我们死之时。我们由疏细的小水慢慢汇聚成流，再慢慢形成大河。

在我们的旅途中时而狭逆，时而宽畅，时而汹涌澎湃，时而平静安详。

直到有一天我们慢慢注入大海，我们也是安详地面对我们的死亡。在我们的一生中，无论过程是弯、直、逆、顺，我们都很细心地品尝。

我们不希望我们的人生旅程从生到死都是同样的平坦宽畅！

人来到世界上，到底是为了什么？
人生的目的到底有什么意义？
凡是生命必会有生死，人生从何来？死去何方？

在这个问题之前，人要先问："哪里才是我的'天堂'？"
一个人如果活在自己的"天堂"，这些问题再也不是问题，因为他已经不需要答案。

人间的使命

蔡志忠说，每个婴儿的诞生，都负有一个重要的使命。

每个人来此世界，都是诸神派他下来完成任务的。神所托付的使命非常隐秘，它存放在每个人的内心深处。因此，很多智者第一次思考的主题便是：

我是谁？

我从哪里来？

我要去哪里？

随着生命的成长，有的人慢慢会发现自己的任务，并完成使命。有的人终其一生浑浑噩噩，根本不知道自己的人生意义。

当一个人的内心开始觉醒，想弄清楚自己的人生意义时，他便陷入思考……

当他突然想通人生的目的和自己存在的意义之时，便是顿悟！

人生的目的与生命的意义

人这辈子，到底为了什么？

活了大半辈子，蔡志忠得到的结论是：生命是用来完成梦想的。

蔡志忠说，我们有幸能来此一辈子，不是为了赚取人民币的。

不要低估了自己的一生，人生是自我实现，完成自己的梦想。

无论我们在世时地位有多高，赚得多少财富，都比不上依个人所爱走自己的路，活出自己，完成梦想。

成功抵达目标的方法是：选择单一的人生焦点，然后死命朝目的地前进，用行动将人生的目标具体落实，完成自己的梦想。

蔡志忠三十六岁时，正逢《皇冠》杂志创刊三十周年，《皇冠》主编请每位作家写一篇小短文。

他写了一篇名为《十年人生感想》的短文：

我过去花了十年赚得一千万元，我常想还给上苍这一千万元，换回我的青春十年，当然我办不到！

但从此我一定办到不再以任何十年或一年或一天去换取一千万元。

用时间换钱，到头来一定是个亏本生意。因为我们无法在临死之前，用一千万换回多活十年或一年或一天。

文章刊登出来之后，他便立下人生大愿：
此生不再切割任何生命去换钱，除非我真的需要那笔钱！

从此他的生命不零售，将整个后半生批发给自己。他不再切割任何生命去换取财富，只做自己乐在其中的事。他的后半生完全依自己的意愿生活，做有意思的事，画有意思的漫画。

虽然我们能用时间去换取金钱，然而再多的金钱买也不回青春。
生命，即变化过程的总和。

❷ 生命实相

人生是时间的微积分

开悟的人生像极了微积分的基本精神：永恒是由无穷多、无穷小的刹那相加而成。

人的一生就是所有微小时间之和。

没有哪一部分可以割舍，于任何时空境遇中都能做到我、人、主、客完全地融为一体，才能体验生命的真谛。

我们不能明天去看云、去看鱼、去观水。

因为看云、看鱼、观水的明天，也是当时的今天。

如果，我们不能融入今日、此时、此地、此刻，就没有别的明天会来临。

因为，来临的每一个明天，都只是当时的今日、此时、此地、此刻。

无穷多、无穷小的刹那，无论它是好、坏、净、垢、寒、暑、高、低，都是整个人生的一部分，没有哪一部分不是自己。我们如果排斥、忽略它，就是忽略自己的人生。

人存在于宇宙中，不断地追寻什么才是生命的意义。

觉悟者发现并没有一个永恒不变的我，流转于过去、现在、未来之间。

《金刚经》中说："过去之心不可得，现在之心不可得，未来之心不可得。"

开悟的禅师悟通这个道理，因此他永远无我地活在当下，融入眼前的法相里。

不背负过去，不企盼将来，永远活在当下瞬间。

生命的实相是：当下刹那才是真实不虚的！

当我们面对眼前情境时，应如同镜子一样无我地如实反映当下眼前。只有随着情境变化，而没有变化中的那个我存在，才是最高的空境！

未悟之前……

鱼儿想飞，鸟儿想潜水。

开悟之后……

云在青天，水在瓶中。

生命的实相就是当下。我们只能把每个当下当作生命的微积分，就像每个当下是你生命的切片。用这样的态度，你会马上感受到有什么不一样，那就是生命的实相。

生命只在眼前，当下才是生命本身。

当你把每一个刹那当作时间切片来生活，你就会非常感恩。

利益是人的动因

影子的影子对影子说："刚才你走着，现在又停下来。刚才你坐着，现在又站起来。你到底有没有自己的主见？怎么一直反复无常呢？"

影子说："你依附着我，我依附着人，人依附着利益。利益在哪里，人就跟到哪里！"

心是身的主人

人的身体内部，很多是自主运作，但还是可以用心来改变身体。

因为心是身的主人，心朝向哪里，身体内部的化学变化便因此而改变。

对人影响最大的是心，一切本源只在一心，心正则一切正。

如果一个人是正确的，他的世界也就会是正确的。

你认为世界如何，世界就展现出你所想的样子。

悲观者看到了悲惨世界，乐观者相信太阳明天还会升起，微笑地迎接崭新的一天。

例如，有人突然发现自己得了癌症，医生诊断只有半年可活。大多数人受不了这突然而来的惊吓，一天二十四小时心思全放在癌症上面，急于到处求医，求神问卜，结果半年不到就走了。

有极少数人决定把病交给医生，把当下交给自己。好好利用剩下的半年做自己最喜欢的事情，心的焦点从癌症离开，转而对准自己所要做的事情。

身体上的病痛像一个不乖的小男孩，当他哭闹时，我们去关心他，他就哭得更厉害。我们故意视若无睹，哭久了他就觉得再哭没意思而不哭了。

我们的心不要放在病痛上，因为一旦我们觉得肚子饿，一心想着饿，就会更饿；一心想着冷，就会更冷；一心想着痛，就会更痛。如同抓痒一样，越抓越痒。

蔡志忠说："对凡夫而言，死亡是一场灾难，因为它切断了生命和光明。但对凡夫而言，死亡也有一个好处，它结束了一个人的所有苦难。"

当我们集中精力、全力以赴地完成未完之事时，死神总是会延迟来临。

当该做的已做、该完成的都已经完成时，还留在世上做什么？

然而当一个人死后，他总会被问道："在你的一生中……你是否思考过人生的目的？你是否深入探求过生命的本质？你是否善度自己的一生？你是否扮演好自己的所有角色？你是否无愧于天地？"

如果我们能由死亡的那一刻逆向思考回来，人生便不会走错路了。

③ 顿悟自己

反者道之动

一块冰在撒哈拉沙漠被太阳照射，融化得只剩小小一块。

冰感叹道："沙漠是冰的地狱，北极才是冰的天堂。"

沙对冰块说："冰在沙漠时才最珍贵，冰在北极是最不值钱的东西。"

没有困境，便没有顿悟！

处于顺境之时，无论是谁，大家都相差不大。

如果我们处于苦难绝境，正是彰显最高自我价值的时候，顿悟能将地狱变为天堂。

弟子问禅师："顿悟是什么？"

禅师回答："炙热的撒哈拉沙漠原本是冰的地狱，当冰想通了关键点——冰在沙漠比黄金还贵！这便是顿悟！"

开悟就是改变观念，以另一种角度与心态看世界，面对困境时永不绝望，面对苦难时永远保持乐观。处于苦难绝境之时，正是彰显最高自我价值的时候，于是便没有困境与苦难。

我们认为世界怎么样，世界就展现出什么样子。我们已经在天堂了而不自知，天堂与地狱就在我们的心中！

寻找自己的天堂

每个人当然要选择自己的人生之道，但在这之前要先清楚：我是谁？我从哪里来？我要到哪里去？

天堂就是：做自己最拿手、最想做的事。

地狱就是：做自己最不拿手、最没能力做的事。

天空是鸟的天堂，深渊是鱼的乐园。

但在这之前得先了解自己是鱼还是鸟。

想通了就会很清楚什么是我的天堂，什么是我的地狱。

每个人都有自己的天堂，及早找到自己的天堂是人生最重要的事。

大部分人都不知道自己真正喜欢什么，因此才随波逐流。

④ 我们只有一辈子

有一位学生到绿洲问先知："什么是人生之道？"

先知说："世间有两种人，有一种人知道自己这辈子应该怎么活！"

学生说："另一种人，不知道自己这辈子到底应该怎么过？"

先知回答道："不不不！另外一种人是根本不懂什么叫作'这辈子'。他总以为还有很多辈子，可以一再犯错，重新来过。"

我们常误认为生命是无限的，这辈子错了，下辈子可以重新来过。

其实人只有一辈子，我们只能活一次，生命不能重新来过。

如果每个人都能活两次，相信每个人在第二次生命中，都会做好一生的详细规划。

不会再用自己难得的一生，换取虚妄不实的名片头衔。

我们不需要两次生命，就应该知道如何过好自己的一生。

诗人济慈说："停下脚步想一想，生命短暂如一天，像一滴脆弱的朝露从树上掉下来的冒险过程。"

很多人可能误以为一辈子很长，其实，七八十年很快就走到尽头，一辈子很短。

蔡志忠说，很多人误以为这辈子干得不好，下辈子可以重新来过，其实每个人只有一辈子，轮回转世只是安慰人的假说。

每个人应将自己难得的一生活得很精彩。

因此我们应该好好把握这难得的一生，做最好的自己，让世界因我而改变。

活出自己的意义

人没有梦想，就像蝴蝶没有翅膀。终其一生只能无奈地在叶子上仰望天空，哪里都去不了。

纵观浩瀚宇宙，地球难得，生命难得，人生难得。

我们难得有此一辈子，每个人都应该有自己的梦想，而让美梦成真的唯一方法就是从梦中醒来，用具体行动把梦想实现。

纯真美丽

人是矛盾的动物，期望自己能鹤立鸡群，但又生怕自己跟别人不一样。

要与众不同的唯一方法就是要有不同的观念，走一条跟别人不同的道路。

人的一生很短，时机就在刹那间，我们来不及等别人发现，要主动出击！

生死大事

禅师对弟子们说：

人哭着来到这世间，总是不情不愿。

人哀怨着离开这世间，总是不情不愿。

生命一开始，你不习惯它。

然后，慢慢地地习惯它。

然后，慢慢地爱上它。

然后，接受失去它。

这就是生命的过程，人应善用自己的一生。使人人的生活都不至于是一种浪费。

别浪费时间，因为死后有无穷的时间。

好好活着，因为死了什么都没有了。

睡觉时，要记得"死"随时会来这件事。

醒来时，要记得"生"不会长久这件事。

及早成为完全醒觉的觉悟者

俄罗斯的一位哲学家说："大多数人只是睡觉或半睡半觉，世上只有极少数人完全醒觉。"

如果我们人云亦云，随波逐流，没有自己的想法，那么便是还在睡梦中或半睡半觉的迷者。

"什么样的人叫不醒？"

"装睡的人叫不醒！"

什么都没做，梦想自己能鹤立鸡群，出人头地，一厢情愿地期待好事自动到来，就是"装睡"！

让美梦成真的唯一方法是：从梦中醒来，用实际行动将梦想变为现实。

我们成为什么，正因为当初我们怎么想！然后用行动完成自己的梦想。

每个人都有梦想，让美梦成真的唯一方法是从梦中醒来，用实际行动去实践它！

⑤ 生命只能兑现当下

生命只能兑现当下

生命是很奇妙的！

无论我们有多少钱，我们只使用上面那几张。

无论我们有多少屋子，我们只有一个身体可以住。

无论我们可以活多久，我们永远只能兑现：此时、此地、刹那、当下、瞬间的一微小切片时间。

236

我们不能让时间回头，也不能让时间快速走。

我们唯一能够做的就是：把握当下，融入现前！

⑥ 生命与财富之间的关系

一个富人问禅师："我一生忙于赚钱，请问我应该赚多少才停止？"

禅师在桌上摆了一个杯子，拿一大壶茶注满杯子，茶水都溢满整张桌子了，禅师还是继续倒，直到整壶茶都倒光为止。

禅师问："你懂了吗？"

富人说："我不了解这是什么意思？"

禅师说："整壶茶水是你一生所赚的钱，杯子的容量是你一生所需要花的钱，超过自己所需要的财富，只会满溢出来无法留住。"

我们双手空空而来，也将双手空空而去，我们有幸来此一辈子，用难得的生命去换取多余又带不走的财富、名利，便是看不清楚生命与财富之间的关系！

蔡志忠在三十五岁时就不再切割生命去换钱，他说虽然我们能用时间去换取金钱，然而再多的金钱买也不回青春。犹太法典《塔木德》中有一则故事，跟他的感言一模一样：

有一个守财奴用一生赚得三万个金币，当他正准备退休好好享用这笔财富时，死神却来索命道："你的阳寿已尽，跟我走吧。"

"请再给我三天，我给你三分之一的金币。"

"不行。"

"那么两天好了，我给你三分之二的金币。"

"不行，不行。"

"只要让我多活一天，三万金币通通给你。"

"三万金币换多活一分钟也不行。"

"那么让我写一句人生感言好吗？"

这次死神答应了，于是守财奴用自己的鲜血写道："要珍惜生命，用生命来换钱，到头来一定是笔亏本生意。"

❼ 人生的哲学

蔡志忠是这样解释他的漫画家的身份的：是谁发明了文字？是谁发明了书本？这是智者和作家的事。谁能将艰涩难懂的文字说清楚？这是漫画家的任务。

他的责任是告诉我们，其实哲学是很好玩的一件事，攸关你我的一生。一般人都会以为哲学跟我们没关系。才怪！哲学在讨论我们这一生，到底生命的意义是什么，我们这一生应该怎么做。

人生是一本自己写的书，有的人文采华丽，但内容毫无新意，有的人写得平实，但一生精彩有趣。

人生之书的第一页：学会爱自己。

最后一页：我走完自己所选择的路，如愿地实现了自己的梦想。

如果我们一生都是依自己的意愿，我们能如愿地活出自己，便能大笑着死去。

蔡志忠说自己已年过七十，也确实如四岁半的誓言一样，一生从事动漫工作，过着极为简朴的生活。

回顾过往：一个来自贫穷乡下、没有家世背景、没有资源、没有学历文凭、没有任何人际关系的十五岁小孩，在经济繁荣的大都会，如何凭一把刷子闯荡江湖？如何活出自己，把自己的一生安排得恰如其分？

以下便是他的"人生哲学"，总结人生经验，最重要的两句话是：

每个小孩都是天才，只是妈妈不知道！
每个人都能厉害 100 倍，只是自己不相信！

如果父母肯放手给孩子机会，让孩子选择自己最喜欢、最拿手的事物，把它做到极致，每个孩子都可能成为某一领域的天才。

每个人能了解真正的自己，及早选定人生的终极目标，全然投入，便能厉害 100 倍。

❽ 快乐是智慧的起源

快乐是智慧的起源

佛陀说："快乐，是所有智慧觉悟者的起源。"

快乐，不是一种具体的东西，你无法用努力去获取。

快乐在追寻的过程细节里，而不是达到的那个目的地。

让别人快乐是一种慈悲，让自己快乐是一种智慧。

积极向上才能进入天堂，消极失意则坠落地狱。

选择自己最喜欢的事，把它做到极致，是人生最大的快乐。我们这辈子，是要实现自己的梦想，走自己的路，其他都不值得。

日日是好日

云门禅师问弟子们："我不问你们十五日月圆以前如何，我只问十五日以后如何？"

弟子们说："不知道。"

云门说："日日是好日！春有百花秋有月，夏有凉风冬有雪；若无闲事挂心头，便是人间好时节。"

快乐是一种角度，由反面看可能是苦，由正面看可能是乐。

快乐是一项权利，没有人能限制我们从好的方向看，但要有心才能够看得出快乐之处。

什么心呢？一颗快乐之心。

快乐是我们的权利，没有人能够阻止我们快乐。

虽然人有健康、疾病、富贵、贫穷之别，但天地山川怎么会舍弃我们，不让我们的心充满喜悦、快乐呢？

如果我们仔细观察周遭的人，会发现不快乐的人好像比贫穷的人还多。

我们不会因为大笑而快乐，物质的享受或得到想要的东西，也只会让我们高兴一时，只有内心真正地充满喜悦，才会感到快乐。

快乐的秘诀

快乐的第一个秘诀是：今天最快乐。
融入当下，融入生活，
融入今天，融入快乐。

生命本就是一条单行道，过去的烦恼已经过去，重要的是从过去学到教训与经验来面对今天。

《圣经》中有一句话："不要为明日忧虑，明日自有明日的忧虑，一天的难处一天当就够了。"

这不是说不要计划明天或期望明天，而是不要为还没有发生的事情去忧虑。遗忘过去，不要为明日忧虑，让今天最快乐是第一步。

这些年来，蔡志忠养成了一个习惯，就是每天起床时，刚张开眼睛就对自己说："每天是每年中最好的一天。"

活得快乐的另一个要领就是充满感谢，尽量向人道谢。

有些人到了很大年纪，却还没学会说谢谢。说"谢谢"最少要有三个动作：第一是看着对方；第二是微笑；第三是很清晰地说"谢谢！"或"不用了，谢谢你！"

遗忘过去，不要为明日忧虑，告诉自己每天是每年中最好的一天。真诚地感谢，好好地活在今天，让今天最快乐是快乐的第一个秘诀。

　　师父对弟子说："桌上有三个苹果，你拿一个去吃。"
　　弟子说："谢谢。"
　　师父问弟子："我来考考你，三个苹果吃了一个，现在剩几个？"
　　弟子说："三个苹果。"
　　师父说："怎么还会有三个？"
　　弟子说："一个在肚子里，两个在桌上。"

　　人往往把得失看错得很离谱。
　　吃下肚的苹果不正是真正的"得"？
　　如果我们错把"得"当成"失"，痛苦就因而产生了；如果我们能正确地看出何为"得"何为"失"，自然就快乐了。

快乐的第二个秘诀是：每一天都感觉活着最快乐。

　　可能我们不晓得哪一种人才会快乐，但我们可以知道有两种人是很难快乐的，一种是完美主义者，一种是逃避现实者。

　　有些人也许是天性如此，有些人可能是受职业的影响，把自己定义成完美主义者，喜欢吹毛求疵，凡事不满，遇事则抱怨，这种人经常是不快乐的。在一个不完美的世界里，要求完美本身就是一种危险的心态。

　　另一种人是经常逃避现实的人，逃避现实时，自己已经给了自己打击和压力，就已经很难快乐了，何况现实仍在。

蔡志忠说，生命中本就充满了许多不可抗拒、很难预料的意外和不如意事，接受命运，面对现实，从最坏的地方去想，从最好的地方去做。要体认挫败和打击只是需要面对的现实，不能成为不快乐的原因。

天有晴雨，月有圆缺，生命中有美好的，也有遗憾，能面对现实，让自己好好地活下去，是快乐的第二个秘诀。

快乐的第三个秘诀是：学会驾驭自己最快乐。

想放纵也许是人类的天性，但是放纵与悔恨往往是人们不快乐的主因。

真正的强者是能自我控制的人，放纵是任性和逃避的心态。

通常有信仰和修为的人，大多生活简朴，穿一样的衣服，吃粗糙的食物，却祥和快乐，主要是因为他们修炼自己的心。

快乐的第三个秘诀是学会驾驭自己，在人生的大海中，乘风破浪，快乐地航行。

快乐的第四个秘诀是：懂得接纳别人最快乐

永远记住这句格言："你怎样看别人，别人就怎样看你；你怎样对待别人，别人就怎样对待你。"

蔡志忠告诫我们，要同情迫害我们的人。恨别人，等于把我们自己交到仇敌的手中，让他来操纵我们的胃口、睡眠和情绪。学会同情迫害我们的人，你会发现自己活得比较快乐。

快乐的第五个秘诀，也是最重要的秘诀，就是：热爱生命。

热爱生命的第一步是，要喜欢自己。
我们是自己的灯，照亮了我们美好的生命。

热爱生命的第二步是，全心投入工作或学习。
大发明家爱迪生是个工作狂，从十几岁到老年，每天工作都超过十六个小时。有人问他："这样工作不会疲倦吗？"
他说："一生从来没有工作过，我一直都在享受。"
全力投入工作或学习，把它当成一种享受，你会发现生命是美好的。

热爱生命的第三步是，永远怀抱希望。
蔡志忠说，怀抱希望、热爱生命的人永远不会老。
信仰产生力量，希望拥有快乐、热爱生命的人，永远不会老。
真正的快乐是内心充满喜悦，是一种发自内心的对生命的热爱，不管外界的环境和遭遇如何变化，都能保持快乐的心情。

活在当下，面对现实，驾驭自己，接受别人，热爱生命，让快乐成为你生命的本质。

每个人不管是健康疾病、富贵贫穷，不管家庭背景、婚姻状况如何，也不管遭遇幸与不幸、事业顺逆、荣辱成败，不管在什么地方，在晨曦中，在烈日下，在晚风里，你都可以露出微笑，让内心充满喜悦，因为快乐是你与生俱有的权利。当我们有了正确的心态，快乐和喜悦就会成为我们人生的常态。

飞翔是鸟儿的快乐，潜游是鱼儿的逍遥。
快乐是了解自己，承认自己，实践自己。

蔡志忠温馨提醒：

为了让快乐围绕在你我身旁
请记得经常提醒自己
我今天最快乐
我活着最快乐
我驾驭自己最快乐
我接纳别人最快乐
我热爱生命最快乐
祝福大家成功，富足又快乐！

最后，我想借用一首诗，作为本书的结尾，与大家共勉：

百尺竿头不动人，虽然得入未为真。
百尺竿头须进步，十方世界是全身。

愿我们与孩子们一起"百尺竿头，更进一步"！
愿天下每个人一生都能够过得逍遥、轻松、快乐，并真心地对自己说："人生真美好！"

记住：

　　每个人都是天才，只是自己不相信！
　　无论我们现在如何，只要我们心存改变，你和孩子都可以使自己厉害 100 倍！